CATÉCHISME
DE
LA NATURE.

Explication du frontispice.

Le Génie de la Nature, tourné vers un groupe d'hommes de différentes nations, leur montre un livre ouvert sur un autel orné de fleurs : ce livre est celui qui renferme les principes de la nature, ces principes sacrés qui se retrouvent dans toutes les contrées et dans tous les cœurs. Le Génie foule à ses pieds les attributs du fanatisme et de l'ignorance : on voit le soleil de la Raison se lever sur l'horison ; des bonzes, des talapoins et d'autres hommes intéressés à ce que les peuples restent plongés dans les ténèbres de l'ignorance, fuient, dans le lointain, cachés derrière un nuage qui leur dérobe la lumière qu'ils redoutent. Au bas de l'estampe sont écrits ces mots que le Génie de la Nature semble dire aux différens peuples de la terre :

Voulez-vous être heureux ? écoutez la Nature.

Voulez-vous être heureux? écoutez la Nature.

CATÉCHISME DE LA NATURE,

OU

RELIGION ET MORALE NATURELLES;

Par PLATON BLANCHARD, citoyen de la Section de la Réunion.

> Voyez le spectacle de la Nature, écoutez la voix intérieure : Dieu n'a-t-il pas tout dit à nos yeux, à notre conscience, à notre jugement ?
>
> *J. J. Rousseau, Emile. T. III.*

A PARIS,

Chez { MARADAN, rue du Cimetière André-des-Arts, n°. 9.
LEPRIEUR, Libraire, rue de Savoie, n°. 12.

L'AN SECOND DE LA RÉPUBLIQUE.

AVERTISSEMENT.

Mon dessein a été de rassembler ici toutes ces idées, prises dans différens philosophes, ou que le bon sens seul m'a dictées. Je me suis dit : on arrache l'erreur du cœur de l'homme, il est à craindre qu'il reste vuide; mettons-y les principes de la nature. Il y a quatre ans d'écoulés depuis que le premier coup, le coup terrible a été porté à l'erreur et à la tyrannie; je n'étois encore à cette époque qu'un enfant; je n'ai donc point connu l'ancien ordre des choses dans son intégrité : mais j'ai vu tout se changer autour de moi; les mœurs ont pris, par degrés, une consistance qu'elles n'avoient point; l'homme avili dans l'abjection de la servitude, a appris à s'estimer, après avoir brisé ses chaînes : je l'ai vu s'élever en peu de temps à une hauteur qui étonne le philosophe, mais pas encore au point où le demande le vrai patriote. Il faut nous dire la vérité : nous sommes encore loin des vertus de l'ancienne Rome et de l'austérité de Sparte : y atteindrons-nous? . . . je n'en ai jamais douté. J'ai fait plus ; j'ai conçu le projet de ramener parmi nous les mœurs vraiment républicaines, et j'ai compté sur nos jeunes citoyens pour son exécution. Projet insensé ! dira-t-on. Homme vil ! il n'y avoit que toi qui pût le dire. Tentes au moins, et tu pourras ensuite confesser avec moins de lâcheté : *Cela est impossible.*

Tels sont les hommes ; ils desirent ardemment le bonheur, et ne savent point faire de sacrifices pour l'acquérir. Ils voudroient jouir du bonheur qui ne s'acquière que par la vertu, sans renoncer aux faux plaisirs que le vice leur présente.

Je dois avertir que l'article entier *des fêtes*, étoit écrit bien avant les rapports du comité d'instruction publique ; je l'aurois supprimé en partie, si je n'eusse pas cru qu'il renfermoit quelques réflexions qui en produiront de meilleures ; je l'aurois au moins changé et approprié à la nouvelle division que l'on vient de faire des jours : mais le tems me manque, ma Patrie m'appelle et JE PARS.

De la caserne de la Nouvelle-France, ce 4e jour de la 3e décade du premier mois de l'an 2e de la République française.

LETTRE

AU CITOYEN LAMY.

MON ami, je suis bien aise d'apprendre que l'impression du *Catéchisme de la Nature* avance. Cet ouvrage est le nôtre ; c'est le fruit des entretiens philosophiques que nous avons souvent eus ensemble, et il sera pour moi un monument durable de notre amitié. Vous vous rappellez sans doute avec plaisir, comme moi, ces promenades que l'aspect de la nature et nos discours rendoient si délicieuses ; nous nous instruisions mutuellement ; nous passions en revue, pour ainsi dire, les opinions humaines, et nous tâchions de dégager les principes naturels des préjugés dont l'ignorance ou l'hypocrite fourberie les avoient enveloppés ; nos ames s'élevoient à mesure que la vérité se montroit à nous, et nous sentions toujours couler dans nos cœurs une joie pure à la fin de nos discours dont le résultat nous convainquoit de plus en plus que le devoir de l'homme est d'être vertueux, et que son bonheur n'est que dans la vertu. Mon ami, je ne sais, mais il y a dans les entretiens qui roulent sur ce qui se rapporte à la vertu, un charme pur qui y ramène toujours, et qu'aucun autre plaisir n'égale. Ces entretiens, s'il m'est permis d'user d'une pareille comparaison, sont pour le cœur de l'honnête homme comme l'eau qui, répandue au pied de la fleur, la réjouit et la fait croître ; ils l'entretiennent dans une douce sérénité, et le font croître en vertus.

C'étoit d'après ces conversations intéressantes que j'écrivois le *Catéchisme de la Nature ;* j'aimois à les retracer sur le papier, afin de prolonger le plaisir qu'elles m'avoient donné.

Cet ouvrage, que j'ai desiré de rendre utile, est venu trop tard ou trop tôt. S'il eût paru plutôt (comme cela eut pû se faire), il auroit peut-être contribué à détruire le fanatisme ; s'il eût paru plus tard, on l'eût accommodé aux changemens qui se sont si rapidement exécutés sous nos yeux. D'ailleurs, ceci n'a de rapport qu'à la partie des projets ; la partie philosophique conserve le même prix pour tous les temps ; elle renferme des principes sur lesquels le temps ni les lieux n'ont aucune puissance.

Ces changemens ont en effet été si inopinés, qu'ils ont naturellement dérouté tous ceux qui ne calculent les événemens qui arrivent au genre humain que par des probabilités et des conjectures. Qui pouvoit prévoir qu'il suffisoit d'un instant pour faire des adorateurs du Christ, les adorateurs de la Raison ? On me taxera peut-être de pusillanimité ; mais je soutiendrai toujours qu'en fait de religion, il ne faut pas aller si vîte. J'aimerois que l'on édifiât à mesure que l'on détruiroit, c'est-à-dire que l'on inculquât la vérité dans l'esprit des hommes, à mesure que l'on en déracineroit l'erreur. Si l'on m'eût averti de tous ces changemens quelques temps avant qu'ils s'opérassent, j'en aurois tremblé. J'aurois eu tort cependant ; parce que tout s'est passé le mieux du monde ; mais c'est plus un effet du bonheur que de la prudence. Il étoit à craindre que des gens simples et crédules, emportés par un fanatisme aveugle, instigués en dessous-main par les ennemis du bien public, ne se portassent à quelques excès. Cette considération m'eût retenu, et j'aurois, par crainte, retardé l'heureux moment où la raison devoit régner triomphante en France. Une chose, à mon avis, qui a beaucoup contribué à rendre paisible ce grand événement, c'est le renoncement d'une partie des prêtres eux-mêmes à leur doctrine. Quand les gens peu éclairés ont vu que ceux qui les instruisoient étoient les premiers à renier leur science, alors il ne leur est resté aucun sujet de doute sur sa fausseté.

On a consacré des temples à la raison, on a célébré des fêtes en l'honneur de cette Déesse des peuples sages : mais, je ne crains pas de le dire, tout cela a peu instruit le peuple, et tout ce qui ne lui est pas utile, en quelque manière que ce soit, est absolument vain. J'ignore comment les fêtes de Paris se sont passées ; je n'en ai vu qu'une en province : une belle femme représentant le génie de la Raison, étoit portée en triomphe par plusieurs hommes. Le peuple la regardoit passer, disoit *c'est beau*, mais ne soupçonnoit même pas ce que l'on avoit voulu faire. Il ne voyoit dans la Raison personnifiée que madame une telle et rien de plus. A cet égard, il n'avoit pas tort, car la Raison est une de ces choses qui ne se personnifient point. Pour moi, je n'aime point les allégories ; elles conduisent trop naturellement à l'idolatrie ; d'ailleurs elles n'inspirent

pirent pas les mêmes sentimens que la vérité toute nue. Un discours moral, simple et plein de sentimens, prononcé par une personne respectable, au milieu du peuple assemblé, des danses, des chants de joie, une fête fraternelle, tout cela n'eût-il pas mieux valu qu'une statue promenée froidement dans les rues ? Soyons donc enfin simples ; mais, il faut nous le pardonner, nous sommes encore comme les enfans qui sentent leurs premières forces ; nous nous essayons : un jour nous ferons sans doute mieux. Nous ne tâcherons plus d'imiter servilement les anciens jusques dans les postures et les costumes de leurs statues ; nous nous estimerons davantage, nous serons nous-mêmes, et nous n'en vaudrons que mieux ; nos ames s'agrandiront à mesure que nous deviendrons simples ; et plus convaincus de nos droits et de nos devoirs, nous serons un autre peuple, et nos actions, nos fêtes, nos plaisirs même, tout portera l'empreinte de notre grandeur.

Mon ami, si les Français peuvent entièrement oublier leur trop grand penchant à la frivolité (penchant, il faut en convenir, qu'ils n'ont plus que foiblement); s'ils peuvent devenir assez sages pour se défier des intrigans, et ne remettre leurs loix que dans les mains des hommes respectables et amis des mœurs, jamais peuple n'aura été au point où il ira. Dans cet enthousiasme de la Liberté qui le maîtrise, aucun sacrifice ne lui coûte, et, s'il est bien dirigé, il n'y aura point d'obstacle assez puissant pour l'empêcher d'être le premier peuple de l'univers; mais s'il se laisse aller de nouveau à ce goût de frivolité que les derniers règnes de ses tyrans lui ont rendu si naturel, il redeviendra un peuple d'enfans qu'on enchaînera en l'amusant avec des hochets; s'il confie indiscrètement ses loix, ce qu'il peut avoir de plus précieux, entre toutes sortes de mains, sans examiner si elles sont pures ou non, elles s'aviliront bientôt et l'aviliront lui-même. Voilà le sort de tous les peuples dont les mœurs ne s'accordent pas avec les loix.

Mais ne craignons point ce sort pour notre Patrie. La jeunesse française prendra dans les camps cette habitude à vivre durement qui est nécessaire au républicain, et une bonne éducation publique nous donnera les mœurs qui sont les bases sur lesquelles reposent les loix. Quand nos ennemis terrassés ou devenus plus raisonnables, nous permettront de jouir de la paix, nous songerons alors à rendre l'intérieur de notre Patrie digne du respect que nos armes lui attireront de la part des nations voisines. Les arts et les sciences reprendront une nouvelle vigueur, et rendront immortel le premier siècle de la Liberté. Nos loix, au sein de la paix, s'établiront sur des bases solides et durables, et s'attireront l'amour de tous les citoyens en les rendant de plus en plus heureux. O mon ami! qu'il est honorable pour un homme d'être libre et citoyen d'une Patrie que l'univers admire! Cette considération m'élève l'ame; je me mets en quelque sorte en place de ma Patrie, je crois que le monde me contemple, et je fais tous mes efforts pour être digne d'elle. Non, je le sens, si j'avois le malheur d'être enfant d'une Patrie esclave, pour peu que je vaille, je n'en vaudrois pas la moitié. Voilà pourquoi les peuples libres ont plus de vertus que les autres; c'est que chaque citoyen veut être digne de sa Patrie; et se sent à chaque instant entraîné à bien faire par les grands exemples qu'il a sous les yeux. Adieu, mon ami; aimez-moi toujours.

PLATON BLANCHARD.

A Aire, département du Pas-de-Calais, ce 19 pluviose, l'an second de la République.

AUX LÉGISLATEURS

ET

AUX PÈRES DE FAMILLE.

C'EST à ceux qui tiennent dans leurs mains le destin de la Patrie que je m'adresse. Le Législateur conduit les hommes à la félicité par des loix justes et sages ; le père de famille, qui est aussi législateur dans l'enceinte de sa maison, assure le bonheur à ses enfans, en leur inspirant des principes et des sentimens vertueux. Tous deux doivent connoître le cœur humain, afin de mieux le diriger au bien et de le détourner plus sûrement du mal ; car ce n'est pas assez de vouloir bien faire, il faut savoir s'y bien prendre pour réussir. Souvent même l'ignorance, sur ce point, est plus funeste que la mauvaise volonté. Ainsi, pour en venir au sujet que je traite maintenant, le fanatique imbécille, pour ramener l'homme à la divinité, en fait un être malheureux, presque fou et assujetti à mille puérilités ridicules : le faux philosophe, au contraire, croyant de son côté lui rendre la sagesse naturelle, lui ôte toute religion, et par conséquent toute vertu, tout desir même d'être vertueux. Il est dans tout un sage milieu que l'on ne quitte jamais sans y perdre : de quelque côté que nous tombions en en sortant, nous ne pouvons rencontrer que la folie et le malheur.

Pour moi, je regarderai toujours comme le meilleur législateur, celui qui appuiera les loix de la morale sur la base inébranlable de la religion. Il n'aura pas seulement dit à l'homme, *sois juste*; il lui aura donné sujet de l'être.

Quant au père qui n'inspire pas de sentimens vertueux à son fils, et qui, lorsqu'il remarque en lui la première étincelle de la raison, ne lui dit pas, *Il existe un Dieu*; si ce n'est pas un fou, c'est un homme qui mérite d'être puni.

Examinons un peu l'alliance qui existe entre les loix humaines et la religion. Si j'explique bien ce que je sens et ce que tout le monde sent comme moi, j'aurai plus dit que ce que j'aurois dit de plus en passant cet article.

En jettant un regard sur la société, on est étonné de l'union qui règne entre tous ses membres, sur-tout quand on songe que chaque associé est détourné du centre par son intérêt privé. L'homme en particulier sent bien qu'il est né pour vivre avec ses semblables, mais il sent aussi que pour y vivre en paix et bonne union, il faut faire des sacrifices et renoncer à plusieurs de ses desirs, et il fait ces sacrifices plus ou moins exactement suivant qu'il a des principes plus ou moins vertueux; ainsi Aristides ménage soigneusement le trésor public, tandis que Thémistocle le dissipe pour se faire des partisans.

Que veux-je conclure de ceci? j'en conclus que le législateur doit apporter le plus grand soin à conserver la morale publique, parce que c'est sur elle que repose le bien général. La morale publique est pour la Patrie le garant de ce que chaque citoyen est prêt à faire pour elle. Tant que Rome eut des vertus publiques, s'il m'est permis de me servir de ce terme, elle fut la ville la plus heureuse et la plus redoutable de l'univers : quand ses citoyens ne virent plus que leurs propres intérêts, et qu'ils commencèrent à se rire des sages opinions de leurs ancêtres, Rome tomba dans le mépris et devint la proie des tyrans.

C'est en vain qu'on voudroit se le dissimuler ; une opinion fortement imprimée dans l'esprit du peuple, fait souvent son bonheur ou son malheur, suivant l'influence heureuse ou funeste de cette opinion.

Qu'on n'aille pas inférer de-là que j'engage le législateur à insinuer dans l'esprit du peuple des opinions fausses quoiqu'utiles ; ce seroit un crime ; les circonstances le lui permettent, qu'il montre la vérité aux hommes, qu'il la montre entièrement, afin qu'ils l'aiment.

La tâche du législateur n'est pas seulement de donner des loix aux hommes, il faut encore qu'il leur fasse aimer ces loix, afin qu'elles leur soient salutaires ; il faut même qu'il donne les motifs qui doivent les porter à les aimer, afin que ce ne soit pas la crainte, mais la raison qui soit le principe de leur amour. Pour parvenir à ce but, il n'y a qu'un moyen, c'est d'instruire les hommes, et il n'y a pas de meilleure instruction que celle que nous donne la nature ; la vérité qu'elle apprend aux hommes est constante, universelle, parce qu'elle est, si je puis le dire, fille de la nature même et immuable comme elle. Les lieux, les temps ne la changent point ; on la reconnoît toujours, même lorsque les hommes, dans leurs passions ou leurs folies, l'ont le plus défigurée.

Les loix sont le lien de la société, c'est l'accord unanime que les hommes ont fait de se rendre mutuellement heureux, c'est-à-dire de se soutenir les uns les autres. Cette vérité une fois démontrée, il en résulte que le premier et le plus puissant motif qui nous porte à respecter les loix, est le bonheur de nos semblables.

Dès que j'ai senti que le bonheur de mes semblables m'oblige à respecter les loix, il ne me reste plus qu'à savoir pourquoi je dois desirer que mes semblables soient heureux, ou, pour parler plus juste, pourquoi je ne puis sans crime me rendre plus heureux à leur détriment? Ici j'ai besoin de jetter un coup-d'œil sur ce qui m'environne. Je remarque que les hommes sont égaux, ont une même origine, par-tout ils sont mes frères, et ont chacun en particulier un droit égal au mien. Le sentiment naturel de justice qui existe, indépendamment de ma volonté, dans mon cœur, m'avertit aussi-tôt de mon devoir, et me retient dans les bornes où je dois me renfermer : quand même ce sentiment ne me parleroit point, la crainte du ressentiment d'autrui me serviroit encore de frein. Je me dirois : Si je méprise la loi qui sépare le droit de mes semblables du mien, ils mépriseront de même celle qui sépare le mien du leur; et dès-lors il n'y a plus entre nous que désordre et défiance. De cette considération toute simple, se forme la première maxime de la loi naturelle : *Ne fais pas à autrui ce que tu ne voudrois pas qu'on te fît*. Mais tant que le précepte sublime n'est qu'un précepte humain, c'est-à-dire, tant que l'homme n'est juste que par crainte de représailles, sa morale sera-t-elle bien constante? le rendra-t-elle vertueux? pourra-t-elle jamais lui inspirer un seul sentiment digne d'Aristides? Quand une fois il aura vu qu'on peut se garantir de la vengeance des hommes, ne se dira-t-il pas, prêt à commettre le crime : *Qui m'empêche ?* et une fois le premier pas fait, vous le verrez courir de crime, en crime sans remords, et n'ayant d'autre crainte que de lasser la patience de ceux qui l'environnent. Comment prévenir ce malheur ? comment lui ôter l'espoir d'être méchant impunément ? en continuant de l'instruire dans la science naturelle. Les hommes ont la même origine, les mêmes droits : preuve convaincante qu'aux yeux du souverain créateur, ils sont tous égaux, et qu'il les favorise également. Or, si la bonté prévoyante du souverain Être s'étend également sur toutes ses créatures, le méchant qui ose intervertir cette économie paternelle, en détournant pour lui les bienfaits réservés à son frère, doit naturellement attirer sur lui la vengeance divine. Dieu est juste, et il doit à l'innocence opprimée la punition du crime oppresseur. Voilà la considération la plus forte, celle qui retiendroit toujours le méchant, si

le

le méchant n'éloignoit pas de son cœur et de sa pensée tout ce qui peut le détourner du crime. Mais c'est en vain que cette considération est foible dans le cœur de quelques hommes ; elle est toujours assez forte pour leur inspirer cette terreur salutaire au genre humain, qui arrête la main prête à commettre les plus horribles forfaits ; et si jamais il se trouve un homme assez féroce pour l'étouffer entièrement dans son cœur, elle vit encore dans les cœurs d'un million d'autres prêts à sacrifier à leur sûreté, dans l'horreur qu'il leur inspire, le monstre qu'ils ont au milieu d'eux.

C'est ainsi que par une chaîne non interrompue, la félicité humaine remonte jusqu'à la divinité. L'idée d'un Dieu juste épouvante le méchant, fait la sécurité de l'honnête homme, et devient la source de la paix qui règne sur la terre.

Le législateur qui veut le bonheur de la société et qui ne néglige aucun des moyens propres à parvenir à son but, doit remettre de temps en temps, sous les yeux des hommes, ces vérités que la nature nous annonce et que nos cœurs aiment à sentir. Elles donnent plus de force aux loix en inspirant aux hommes une confiance mutuelle, et rend plus douce et plus forte cette union qui fait la puissance et la félicité de toute nation libre.

Les loix humaines, j'entends celles qui sont justes, ne sont, si je puis user de ces termes, que les loix de la nature traduites pour l'intelligence de tous les hommes, et les loix de la nature ne sont que les volontés de l'Être suprême exprimées tacitement par le concours des choses pour le bonheur du genre humain. Chaque homme en particulier entend intérieurement cette voix de la nature qui le dirige, et le législateur la répète afin qu'elle dirige les nations entières. C'est toujours, comme je l'ai fait sentir plus haut, cette source échappée du sein de la divinité, qui se répand sur le genre humain.

Or, si les loix ont leur source dans le sein de la divinité même, il faut rappeller l'homme à la divinité, afin qu'il ait un motif plus puissant pour les respecter ; elles deviendront alors plus sacrées pour lui, et il les regardera moins comme l'ouvrage des hommes, que comme l'ouvrage de l'Être suprême.

Au reste, les sentimens religieux sont trop nécessaires au bonheur de l'homme pour qu'un législateur, ami de l'humanité, ne tâche pas de les rendre naturels aux cœurs de tous les citoyens. La religion que la nature nous enseigne est exempte de fanatisme et de superstition, et elle répand dans la société les vertus qui rendent heureux ; le citoyen dont le cœur est animé des purs sentimens qu'elle inspire, vit au milieu des hommes avec sécurité ; toujours prêt à faire le bien, il ne lui vient point à l'idée qu'on puisse lui faire du mal, et il ne voit que des frères dans tout ceux qui l'environnent.

O Législateurs de ma Patrie! ô vous qui avez posé la Liberté sur des bases solides, vous avez donné des loix sages au Peuple; faites plus encore, donnez-lui les mœurs qui rendent les loix respectables et durables; ramenez-le à cette noble simplicité qui honora l'ancienne Rome, et inspirez-lui cette religion pure qui n'a honoré encore aucune nation.

Et vous, citoyens vertueux, qui voyez croître autour de vous une nombreuse famille, secondez le législateur dans ses desseins; jettez dans l'ame tendre encore de vos enfans le germe des vertus qui doivent faire le bonheur de la Patrie, lorsqu'ils seront citoyens à leur tour. Si la nature vous donne des droits sur eux, c'est pour que vous leur soyez utiles. Rendez vos maisons respectables, par les instructions vertueuses que vous donnerez chaque jour dans leur enceinte, et rendez votre Patrie digne de l'admiration de l'univers, par les citoyens que vous aurez formés.

Réunissons-nous pour rendre notre Patrie heureuse ; nous en serons récompensés par la joie de lui avoir été utiles, et par le bonheur qui rejaillira sur nous. Que nos mœurs aient cette fierté qui caractérise l'homme et cette douceur qui est la plus belle vertu de son cœur. Aimons la simplicité ; elle est amie de la vertu et du bonheur ; n'ayons plus d'autre culte que celui que la nature nous invite à consacrer à l'Être suprême. Sparte aura enfanté d'ardens patriotes ; Rome des héros ; ma Patrie verra dans son sein des patriotes, des héros et des sages.

INTRODUCTION.

J'ENTREPRENDS avec confiance cet ouvrage, quoique je sois pénétré non-seulement de mon peu de talent en particulier, mais de l'insuffisance de l'humanité entière pour traiter un sujet aussi sublime et aussi important : je ne raisonnerai que comme un homme, lorsqu'il faudroit penser et s'exprimer avec une sagesse divine : cela m'avertit de ne point tenter de sortir des bornes où je suis renfermé.

Bien convaincu que rien n'est plus incompréhensible à l'homme, que l'Être suprême, je sens aussi que rien ne lui est plus naturel que de porter des regards inquiets et supplians vers le ciel, pour y chercher celui dont la toute-puissance et la bonté ne s'épuisent jamais. Le plus vif sentiment de la créature humaine part du principe le plus inconnu.

J'écrirai donc d'après les sentimens de mon cœur et les conjectures de ma foible, très-foible raison. J'écrirai, comme je dis, avec confiance, parce que ce n'est pas un crime pour l'homme de se tromper sur ce que Dieu a dérobé à sa connoissance : je n'ignore pas cependant que c'en soit un de proposer, avec mauvaise foi, des erreurs funestes à l'humanité : ce crime, sans contredit, est celui des tyrans ; ils enchaînent l'homme par la superstition, et le mettent à la disposition des fourbes qui savent habilement profiter de ses craintes. Aussi, loin d'appuyer des erreurs qu'un trop long respect a rendu la source de tant de maux, je tâche de ramener mon semblable à la sagesse naturelle. Si je me trompe, je fais ensorte que mon erreur soit innocente. Je parle comme un homme, c'est-à-dire comme un être dont les lumières incertaines s'étendent à peu de distance autour de lui. Plût à Dieu que tous ceux qui ont traité de la religion eussent eu le courage ou la bonne-foi d'en dire autant ! ils n'eussent pas abusé si long-tems de la trop grande crédulité de leurs frères. Je ne tiens à mon opinion qu'autant qu'elle flatte mon cœur, et satisfait ma raison. Montrez-m'en une meilleure, je l'adopte, je l'embrasse avec joie.

Si je voulois ne dire que ce que nous savons de la Divinité, je renfermerois tout en quatre lignes; si je voulois écrire tout ce que les hommes en ont pensé, je compterois des milliers de volumes. L'ignorance de l'homme est féconde, mais sa science enfante quelquefois des vérités.

Pour mettre un ordre convenable dans mon ouvrage, je le diviserai en quatre parties. Dans la première, j'examinerai quel est l'homme, quelle est sa place sur la terre; dans la deuxième, en suivant ses sentimens, j'examinerai comment il parvient à la connoissance d'une divinité, quelle est cette divinité, et ce que nous pouvons acquérir de cette connoissance, en consultant nos cœurs et l'univers; dans la troisième, je parlerai de l'espèce de soupçon que l'homme a d'une autre vie : de ces deux articles naît la religion ou la reconnoissance de l'homme envers la divinité : ce sera le sujet de la quatrième partie. Les résultats ou les principes que nous donneront ces considérations, seront les bases sur lesquelles s'élevera naturellement l'édifice de la morale : ceci est l'objet d'un autre ouvrage.

Je veux offrir à l'homme de bien les consolations que m'ont données ces méditations, jetter dans le cœur de la jeunesse, le germe des vertus, c'est-à-dire, le sentiment de la divinité, d'où découle nécessairement tout ce qu'il y a de bien : puissé-je même élever l'ame sans énergie de ces hommes qui cherchent sans cesse à se dégrader, en niant ce qu'ils craignent, et regardant la vertu comme une chimère, afin de jouir, dans une plus parfaite sécurité, de la réalité du vice ! Si je rappelle l'homme à l'Être suprême, ce n'est point le fanatisme qui m'inspire, c'est l'amour de l'humanité. Sans le sentiment de la Divinité, il n'est point de vertu; et par-tout où règne ce sentiment, sans être dénaturé par des idées fausses ou cruelles, les mœurs et la probité règnent également et sont élevées sur une base inébranlable.

DE L'HOMME.

L'HOMME est le premier des êtres animés; sa raison et son industrie lui donnent cette prééminence. Quel être, en effet, sait, comme lui, juger ce qui l'environne? quel être sait tirer parti de tout, et trouver dans chaque chose un agent de ses plaisirs ou de ses besoins? L'homme, si je puis parler ainsi, est l'être universel de la nature, c'est-a-dire, que ses facultés s'étendent à tout ce qui est possible. Chacun des autres êtres est obligé de se tenir dans la sphère étroite où est renfermée son espèce. Ce n'est point à ses facultés physiques que l'homme doit l'empire qu'il exerce sur la terre ; il ne diffère de ce côté qu'en très-peu de manières des autres animaux, et souvent il se trouve bien au-dessous d'eux. Combien d'animaux lui sont supérieurs par la force ! combien le surpassent par leur agilité ! combien même ont plus de dextérité que lui ! cependant quelle différence existe entre eux et lui ! Sa raison seule l'élève sur le trône du monde (1) ; c'est

---

(1) Helvétius qui étoit très-honnête homme, mais beaucoup trop ami des idées singulières, a dit dans une note du livre *de l'Esprit*, qu'il ne falloit peut-être chercher la cause de l'infériorité de l'ame des animaux que dans leur différence physique de l'homme. *La différence d'organisation*, dit-il, *entre nos mains et les pattes des animaux, prive ces derniers du sens, du tact et de l'adresse pour faire des découvertes.* S'il ne falloit que des mains pour être un homme, à coup sûr le singe en seroit un, et cependant il ne l'est pas. Je ne m'arrêterai pas à réfuter ces inepties ; ce seroit faire soupçonner que je les crois de quelqu'importance. Je dirai seulement que la stupidité, ce que les Anglois expriment

elle qui dirige ses forces médiocres, et leur donne une si grande extension; par son moyen, il soumet tout à son joug: l'immense baleine qui fuit dans les abîmes de l'Océan, le lion qui épouvante les déserts par sa férocité, le daim qui fuit légèrement, et l'aigle qui se perd dans les cieux. Combien de chefs-d'œuvre ne lui fait-elle pas créer? quels obstacles ne lui fait-elle pas surmonter? quelles commodités, quels plaisirs ne lui fait-elle point trouver dans les objets même qui lui étoient les plus funestes par leur nature? ôtez à l'hom-

si bien par leur *nonsense*, et l'ambition de paroître extraordinaire, ont toujours donné naissance aux idées les plus bizarres, les plus extravagantes. Tous ces philosophes qui placent bonnement la brute au rang de l'homme, n'ont jamais eu envie d'aller courir les bois avec leurs chers confrères les ours; ils ont trop senti leur supériorité. Pourquoi n'ont-ils donc pas parlé en conséquence? ah! il falloit se distinguer; c'étoit une passion, un besoin et des plus impérieux.

me

me ce qui le fait raisonner, cette sublime intelligence qui lui fait tirer des résultats propres à ses projets, et il sera au-dessous de la brute; il ne lui restera point d'instinct, car l'instinct, cet esprit animal qui pousse la bête à tel but, par l'aiguillon des besoins, n'est point le partage de l'homme. Cette noble créature ne vit que d'après l'expérience qu'elle a acquise; elle créé, en quelque sorte, sa vie elle-même. Tandis que l'animal suit rigoureusement le chemin que la nature lui a tracé, il faut que l'homme apprenne à vivre: s'il lui étoit impossible d'acquérir cette science, il mourroit. Tandis que la révolution des temps présente le genre humain sous tant de faces différentes, les animaux restent toujours les mêmes. L'homme seul change à sa volonté, ou se ploie facilement à un changement involontaire; il vit chacun de ses jours d'une vie différente; ici il se renferme dans une cité populeuse, s'exerce à un art sédentaire, ou applique son esprit à des découvertes utiles au genre humain ; là, il erre nud et réduit à lui-même dans de vastes déserts, ou se borne à une misérable cahute ; tantôt il vit paisiblement dans un coin du monde ; tantôt la terre entière est trop petite pour sa vaste curiosité ; les montagnes s'opposent en vain à son passage, il les franchit; les fleuves ne l'arrêtent point, et l'Océan lui-même est un obstacle nul : il change la surface de la terre, la couvre de fruits utiles ou de villes opulentes. Tout ce qui existe lui doit un tribut ; il n'est rien qu'il ne sache se rendre utile. Quel animal sait faire servir un autre animal à ses besoins ? Ce privilège n'appartient qu'à l'homme, et c'est sa raison qui le lui donne. Le plus fort éléphant sera soumis à l'homme le plus foible, et l'homme ne sera jamais soumis qu'à son semblable.

Jusques dans sa dégradation même, il découvre encore sa grandeur. Il est le seul être qui puisse s'avilir, et le seul qui puisse s'élever.

L'homme est donc l'animal le plus excellent, puisqu'il peut davantage. Il est donc le plus sublime, puisque seul il possède la raison.

Il est le souverain de la terre, parce qu'il est le seul qui sache se faire obéir.

Il est l'être chéri du créateur, parce que tout est fait pour lui. « Et qu'y a-t-» il de si ridicule à penser que tout est » fait pour moi, si je suis le seul qui » sache tout rapporter à lui, dit l'im-» mortel Rousseau » ?

» Tout marque dans l'homme, même à » l'extérieur, dit Buffon, sa supériorité » sur tout les êtres vivans; il se soutient » droit et élevé ; son attitude est cel-» le du commandement. Sa tête regarde » le ciel, et présente une face auguste, » sur laquelle est imprimé le caractère » de sa dignité. L'image de l'ame y est » peinte par la physionomie. L'excel-» lence de sa nature perce à travers les » organes matériels, et anime d'un feu » divin les traits de son visage; son » port majestueux, sa démarche ferme

» et hardie, annoncent sa noblesse et
» son rang; il ne touche à la terre que
» par les extrémités les plus éloignées,
» il ne la voit que de loin, et semble
» la dédaigner ».

Tel est le caractère auguste de l'homme; et s'il est sorti si noble des mains du créateur, son plus grand crime est de s'avilir. Il offense l'auteur de la Nature qui lui avoit donné des sentimens élevés; il fait son malheur et celui de ses semblables.

Puisse cette observation, confirmée tant de fois, n'être pas inutile! Par-tout où l'avilissement des hommes est le plus général, les malheurs sont aussi le plus multipliés. Et que peut-on attendre des hommes qui n'ont que des sentimens bas et dégradés? Rien de bon peut-il sortir des cœurs corrompus? Ils ne méditent que des corruptions nouvelles. Incapables de générosité, les malheurs de leurs concitoyens ne les touchent qu'autant qu'ils retombent sur eux; ils s'en réjouissent et les aggravent, lorsqu'ils leur sont de quelque profit. La Patrie n'est qu'un vain mot pour eux, ils sont tout à leur vil intérêt, ou à leurs grossiers plaisirs. Lâches quand il s'agit d'être vertueux, ils n'ont même du courage que pour commettre des crimes lucratifs.

L'avilissement des hommes applanit le chemin de la tyrannie : quand on ne ressent aucun orgueil de sa propre grandeur, on porte des chaînes sans honte.

Cet avilissement conduit à tous les vices. Qu'importe à l'homme qui ne s'estime point, d'être estimable ? quelle crainte peut l'empêcher de se plonger dans la fange de la corruption, et d'entraîner, par son exemple, tous les autres à la dégradation ? L'homme qui s'estime est le seul qui sache estimer ses semblables ; c'est le seul qui sache respecter leurs droits, parce qu'en exigeant le respect des siens, il se pénètre de ce qu'il doit aux autres.

Homme ! ne dégrade pas en toi l'ouvrage du créateur ! N'efface point la majesté de ton front ; n'éteins point le feu de bienveillance qui brûle dans ton cœur ; et crains de te rabaisser par de vils sentimens, ou des vices dégoûtans, au-dessous même des animaux qui sont sous ton empire.

Quand l'homme vit, selon la grandeur que la nature a imprimée sur lui, et selon l'impulsion sublime de son cœur, il n'est rien de plus noble. C'est le spectacle le plus auguste de la nature, et le plus digne peut-être des regards de son auteur. Ce n'est point, comme l'ont dit quelques-uns, l'image de la divinité, mais c'est son plus bel ouvrage. Il est d'autant plus grand, que le penchant qui l'entraîne à l'avilissement est plus rapide. C'est dans ce même cœur que naissent les sentimens qui l'élèvent, et ceux qui le rabaissent; c'est à lui de choisir ; c'est à lui de mériter le nom de vertueux. Plus il trouve d'obstacles à surmonter, plus sa gloire est grande, et plus il élève l'humanité. Si l'on pouvoit être vertueux sans combat ; il ne seroit plus de vertu. Cette résistance qu'il faut faire au mal pour l'éviter, est cela même qui porte avec violence vers le bien, une ame qui a quelque sentiment d'élévation.

L'homme est lancé du néant sur la terre, comme dans une isle inconnue. Il existe, sans avoir quelque idée de la main qui a créé son existence, sans savoir pourquoi il existe, et sans pouvoir percer l'obscurité infinie qui cache ce qui est au-delà de son existence actuelle. Il lui importe cependant d'être instruit sur un sujet qui le touche de si près. Aussi passe-t-il peu de ses jours sans porter quelques regards de curiosité sur cette obscurité ; et par ses propres besoins, son desir d'être instruit, et sa raison, il parvient à découvrir quelle est sa place dans le monde qu'il habite, comment il y doit vivre, et ses soupçons lui font sentir des vérités qui lui échappent toujours.

L'homme a en lui deux sentimen très-distincts, d'où découlent presqu toutes les actions de sa vie. L'un est le sentiment de sa conversation ; l'autre est un sentiment de curiosité qui le presse de tout connoître.

Par le premier, il s'approprie tout ce qui l'environne, il se fait le centre de tout. Sa prévoyance est bornée à lui seul. Il semble que l'univers ne contienne qu'un individu qui est lui-même. Ce sentiment est le premier bienfait du créateur ; c'est celui qui, étant concentré dans la société, et réparti à chaque associé, la tient dans un juste équilibre, par l'intérêt que chacun a que nul ne dépasse ses droits.

Par le second sentiment, l'homme examine tout ce qui se trouve sous ses yeux, et tente d'examiner ce que son imagination ne fait que de soupçonner. Il veut tout connoître. Ce sentiment n'est proprement, comme tous ceux qui affectent l'homme, qu'un instrument primitif qui lui sert à satisfaire le premier : c'est par lui qu'il est excité à reconnoître son habitation, et qu'il cherche à découvrir quel est le rapport des objets à lui, et de quelle utilité ils peuvent être à son existence; ce qui est bien la même chose que de travailler à sa conservation.

Il est bon de remarquer que cette curiosité n'est active, qu'en raison de la science, ou des principes de science que l'on possède déjà. L'homme ignorant est naturellement peu curieux. Comme il n'a nulle connoissance, il ne pressent pas qu'il puisse y avoir rien au-delà du cercle étroit où il se trouve renfermé. L'homme sauvage, et qui n'a point de relation pour s'instruire, restera plusieurs jours accroupi sur ses talons sans rien desirer, rien méditer. Donnez quelques principes de connoissance à cet être qui végète, c'est comme si vous versiez sur lui un feu qui l'anime une seconde fois. Il devient un autre homme. La raison et la curiosité sortent de l'assoupissement où l'ignorance insouciante les retenoit; il veut savoir, parce qu'il sait déjà ; il a reçu une nouvelle vie.

Cette curiosité conduit l'homme de découvertes en découvertes, et l'amène jusqu'au principe. Elle lui fait voir la plante qu'il n'a vù depuis long-temps que sous le rapport de son utilité, avec le regard attentif du botaniste. Il veut connoître ses relations avec la terre et les autres élémens. Bientôt il veut connoître la terre elle-même, et ce qu'elle est par rapport aux autres planètes. Quand il a deviné, ou cru deviner le jeu de la machine de l'univers, il veut savoir qui lui donne le mouvement. Loin de se tenir dans les limites qu'il ne peut passer, sa curiosité infatigable le portera plutôt à imaginer le moteur universel, qu'à s'arrêter à la simple conviction de son existence. C'est cette curiosité qui veut être absolument nourrie ou de chimères, ou de vérités, qui a donné entrée dans le cœur de l'homme à tout ce que la plus absurde superstition, ou la fourberie la plus ingénieuse a pu inventer. Ainsi l'on voit que par un enchaînement d'observations nées du besoin ou de la curiosité, l'homme remonte de lui à l'Être suprême.

Je ne veux point dire que l'homme ait besoin de cet enchaînement d'observations pour parvenir au principe créateur. Il peut à la première question qu'il se fait, dire : qui a créé l'univers ? Il sera forcé de répondre : c'est un être dont la puissance est assez considérable pour l'avoir pu faire ; et cela lui sera plus facile à trouver que la physique d'Epicure : mais cette manière de découvrir l'auteur de la nature, n'appartient qu'à l'homme qui pense déjà, et veut se rendre compte de ses sentimens; l'homme vulgaire ne la connoît presque pas, et il est absolument impossible que cette idée entre jamais dans l'esprit du sauvage, que son ignorance rend stupide. Le spectacle de la nature souvent ne produit qu'une foible impression sur l'homme même qui médite. Que peut-il faire sur l'esprit informe du barbare? Et qu'est-ce que l'homme qui n'a point l'idée de la divinité? ce ne doit être qu'une brute, s'il est possible même qu'il existe; car cette idée, quoique très-obscure, est trop naturelle à l'homme pour qu'elle ne s'éveille pas au sein de la stupidité.

Le sentiment de la divinité étoit trè nécessaire à nos cœurs, pour que Dieu, si je puis parler ainsi, ne l'y infusât point. La paresse et la foible perception de nos esprits ne nous l'eût pas fait découvrir de long-temps; et encore la raison, en nous persuadant, ne nous eût jamais convaincus: mais en mettant en nous un sentiment, un instinct qui nous porte à lui, non par réflexion, mais machinalement, il nous convainc, même malgré nous, de son existence, et en même temps de sa puissance.

Qu'on suppose un homme qui n'auroit pas la moindre notion de la divinité, dans un danger pressant, où sa

force

force et son adresse deviendroient inutiles ; il levera les mains vers le ciel, ou les tendra à l'arbre qui est proche de lui : il n'importe, son mouvement de supplication annonce assez qu'il cherche un être supérieur, inconnu, il est vrai, mais qu'il croit pouvoir lui donner du secours. Voilà le sentiment de la divinité éveillé dans son cœur, il sera un être religieux désormais. Eveillez ainsi la raison et la réflexion en lui, et sa religion sera raisonnable.

La nature montre la divinité ; mais la crainte, qui est le sentiment convaincant de notre foiblesse, nous la fait sentir vivement. Les cieux chantent la gloire de l'Être suprême, mais ce n'est que l'oreille de l'homme déjà philosophe qui entend cet hymne sublime : celui que son ignorance abrutit, n'a d'autres sentimens que ceux de ses besoins, ou, pour dire mieux, ce sont les plus forts. La première connoissance de la divinité lui vient de sa foiblesse ; il se sent trop peu de force pour pourvoir à ses nombreux besoins; et il tomberoit dans le désespoir, si, au premier besoin, il ne se trouvoit déjà persuadé de l'existence de la divinité.

Les divinités multipliées des peuples barbares annoncent en même temps et la foiblesse de l'homme, et son penchant naturel à la religion. Dieu : voilà son secours ; voilà son espoir. Otez-lui ce sentiment, vous lui ôtez toute espérance actuelle et future, et au premier dégoût, il se donnera la mort. Pourquoi vivroit-il ? La vie actuelle n'est un présent agréable qu'autant qu'on espère pour la vie future. Sondez le cœur humain, vous trouverez qu'il ne se repose, même dans son indifférence, que sur cette idée consolante. S'il étoit un athée, ou un matérialiste certain de ses principes, ce seroit l'homme le plus inquiet, le plus soucieux, le plus misérable de la terre. Il lui seroit plus aisé de mourir que de vivre. Lucrèce, le chantre du système monstrueux d'Epicure, se pendit à quarante ans.

O créateur de l'univers! Le caractère auguste de ta sagesse et de ta bonté est empreint sur tous tes ouvrages! La raison fait de l'homme un être sublime, mais ce précieux présent seroit encore trop peu pour son bonheur. Tu as porté sous son cœur le flambeau de l'amour, il t'a aimé, et s'est trouvé heureux en espérant de le devenir davantage.

C'est assez maintenant d'avoir découvert comment l'homme parvient, par le sentiment de sa foiblesse, à s'appercevoir de l'existence de Dieu: je dis par sa foiblesse; car ce n'est point par l'amour, quoique si naturel à son cœur, qu'il eût fait cette découverte. Ce sentiment si vif, si doux, la religion, dont l'ame aimante et sensible est toujours remplie, ne peut s'emparer d'un cœur qu'après l'idée d'un Dieu. Jamais l'homme sauvage ne se prosternera devant le ciel, de lui-même, que le danger ne lui ait appris que c'est le séjour d'un Être tout-puissant.

Oublions les autres sentimens de l'homme, pour ne suivre maintenant que celui de la divinité. Examinons comment ce sentiment qui tantôt en fait un être craintif, superstitieux, esclave, tantôt un être noble, grand, sublime; dans l'un ou l'autre cas, le console et le soutient toujours; nous verrons ensuite, en suivant les autres mouvemens de l'homme, quelle est la *morale de la nature*.

La religion et la morale naissent l'une de l'autre, ou, pour parler plus juste, la religion est le fondement sur quoi s'appuie la morale, et la morale soutient la religion. Elles ne sont jamais l'une sans l'autre; lorsque la religion manque, la morale n'est plus qu'une illusion, et quand la morale se corrompt, la religion s'éteint. Un écrivain célèbre s'est permis d'avancer que le sénat Romain n'étoit composé que d'athées qui se rioient en eux-mêmes des superstitions de leur temps ; c'étoit dire la plus grande absurdité. Ce sénat respectable pouvoit être composé de sages qui méprisoient les folies humaines ; mais s'il l'eût été d'athées, ce n'eût été qu'un repaire de brigands. Quelle considération les auroit retenus ? quelle crainte eût arrêté leurs mains prêtes à commettre le crime ? quelles espérances les auroient rendus justes ? ils auroient détruit leurs concitoyens, et auroient fini par se détruire eux-mêmes. L'homme sans espoir, est l'être le plus funeste. En vain se plaît-on à peindre, d'après le délire de l'imagination, un athée sage et tranquille ; ces traits ne sont pas ceux de l'humanité. L'homme ne peut aller que jusqu'au septicisme, et le doute ne détruit ni la crainte, ni l'espérance ; il ne fait que les rendre plus incertaines. En conséquence, les bases de la morale ne sont point renversées ; l'indifférence les renverse plus sûrement, en ce qu'elle laisse toute considération dans l'oubli, et abandonne le frein qui retenoit les passions trop vives de l'homme. Le septicisme raisonné inquiète continuellement. Le sceptique se dit : quel seroit mon malheur, si, après avoir vécu en athée, j'allois trouver un juge irrité ! et il continue d'être juste. L'indifférence, au contraire, en éloignant tout raisonnement, laisse dormir toute crainte, et n'arrête point le crime ; par-là, elle équivaut à l'athéisme, ou plutôt il n'en est point d'autre.

LA RELIGION NATURELLE.

CHAPITRE PREMIER.

DE DIEU.

Mon dessein n'étoit d'abord que de chercher dans la nature les principes moraux et religieux de l'homme, et de démontrer la nécessité de les suivre ; mais en y réfléchissant, j'ai senti que ce ne seroit que la moitié de l'ouvrage. Il faut encore chercher dans la nature les causes de l'erreur, afin d'en mieux détruire les impressions. Il faut montrer à l'homme, que pour s'égarer, l'entremise d'un mauvais génie n'est pas nécessaire ; la foiblesse de son esprit, les craintes de son cœur, son amour-propre, souvent son intérêt, toutes ses passions enfin l'entraînent assez à l'erreur. Faire sentir à l'homme comment il se trompe, c'est lui faire faire plus de la moitié du chemin vers la vérité. Cependant, comme mon dessein est d'être court afin de n'être point diffus, et de mieux faire ressortir les principes que je veux démontrer, je passerai légérement sur les causes des erreurs ; c'est assez de montrer la marche de l'esprit humain dans une circonstance, pour qu'on en puisse juger dans mille autres. Pour peu qu'on réfléchisse sur la cause de l'idée de la révélation, on sentira aisément quelles sont les causes des différentes branches de la superstition.

DE LA RÉVÉLATION.

L'IDÉE de Dieu est si naturelle à l'homme, qu'elle naît dans son esprit sans qu'il s'en apperçoive, et elle est en même temps si obscure, qu'il n'en est aucune qui ait fait naître plus de réflexions diverses et incertaines. Cette idée même, au plus fort de ses dissipations, ne quitte jamais l'homme.

Quelle autre, en effet, peut davantage l'intéresser ? c'est la source de toutes ses espérances.

Il n'est donc pas étonnant, d'après ces considérations, de le voir saisir avidement le mensonge le plus grossier comme une vérité certaine. Le besoin pressant qu'il a d'aimer un être suprême, de se reposer sur sa puissance, et l'obscurité qui naît de ses réflexions même les plus profondes, lui font embrasser la chimère qui satisfait son cœur en reposant son esprit. C'est dans son ignorance qu'il commence d'adorer cette chimère ; mais il l'adore encore long-temps après que le flambeau de la philosophie l'a éclairé. Ce respect antique qu'il lui porte, lui inspire une crainte qui éloigne toujours la science qui dissiperoit sa crédulité. Newton qui découvre les loix de l'univers, n'ose tourner un regard sur ces préjugés, et il respecte ce qui lui eût fait pitié, s'il eût osé réfléchir.

D'après cette même considération, il est aisé de voir pourquoi tous les Peuples généralement font remonter leur religion à une source céleste, et disent l'avoir reçue de Dieu même, ou du moins par le moyen de quelques génies divins.

Les hommes sont naturellement amis du merveilleux, et ils le sont d'autant plus qu'ils sont plongés dans l'ignorance, parce que, connoissant moins les causes des effets, il leur est plus facile de se tromper : or, la religion qui est ce qu'il y a de plus obscur pour eux et ce qu'ils ont le plus à cœur, prête infiniment au merveilleux, et par son obscurité, et par l'impression qu'elle fait sur les esprits. En conséquence, qu'un sauvage, comme je l'ai dit, se soit convaincu de l'existence de Dieu par la crainte que lui a inspiré un danger, son cerveau a été naturellement frappé dans la grandeur du péril ; son imagination qui s'est éveillée par cette secousse violente, a bâti mille chimères, tandis que l'ignorance a laissé dormir sa raison.

Quand l'homme a soupçonné qu'il y a une divinité, il veut bientôt la connoître ; son intérêt l'y porte naturellement, et cette curiosité est commune à Platon qui médite sur les loix de la nature, et à l'Algonquin qui végète dans la plus profonde stupidité. La différence est que Platon reconnoît son insuffisance, et que le sauvage croit voir le but où il tend. Le sage sait que Dieu est inaccessible aux humains ; l'ignorant qui croit plus aux chimères de son imagination qu'à la raison qui est nulle pour lui, adopte tout ce qu'il croit comprendre, et, dans des choses semblables, il ne comprend que ce qui est incompréhensible : il comprendra plus aisément Dieu avec toutes les passions et les misères de l'homme, que dans cet état métaphysique qui laisse connoître son existence, sans laisser connoître l'être lui-même.

Suivons les idées de notre sauvage.

Si le premier danger a fait naître dans son imagination quelques chimères consolantes, qui ont leurs bases sur la nature même qui invite l'homme à espérer, un danger nouveau vient les affermir. Qu'un autre sauvage vienne sur ces entrefaites lui faire part des chimères qui l'ont frappé de son côté, et il ne doutera plus de la réalité de ses visions. Bientôt, tremblant de crainte, il se prosternera devant les vains fantômes de son imagination, en invitant les autres hommes à s'y prosterner de même. Ce premier pas fait, dans son enthousiasme, il leur parlera bientôt au nom des Dieux ; il leur annoncera que c'est leur bras tout-puissant qui meut les tempêtes, et leur volonté suprême qui fait gronder les tonnerres ; il leur prescrira un culte, et deviendra ainsi le législateur de ses concitoyens (1).

---

(1) Si les premiers hommes ont vécu errans et sauvages, comme quelques philosophes l'assurent, le premier qui leur parla d'un Dieu et

Voilà

Voilà l'idée de la révélation établie, et de cette idée sont partis tous les imposteurs qui ont captivé les hommes en anéantissant leur raison par une crainte servile. Quand une extravagance est consacrée, elle devient la source de mille extravagances; quand les hommes se sont laissés tromper, il s'élèvent toujours mille fourbes pour les tromper encore.

Les partisans de la révélation croient avoir trouvé un argument bien convaincant, en disant que la généralité de l'idée de la révélation en prouve la vérité, et chaque secte, en partant de ce principe, a soin de remarquer ce qui

---

de sa puissance fut celui qui les rassembla, leur inspira de la confiance, en leur donnant à tous une croyance et des espérances communes. La religion lie les hommes les uns aux autres; voilà les premières loix de la société. L'agriculture ou la propriété a pu dans la suite resserrer ces liens, en fixant cette société naissante en un lieu.

se rapporte, à ce sujet, de la croyance des autres à la sienne, pour démontrer que sa religion est la seule vraie, et qu'elle se retrouve, quoique défigurée, dans celle des autres. Il ne faut qu'un souffle pour renverser un monument aussi fragile.

Prouver que l'idée de la révélation se retrouve chez tous les peuples, qu'est-ce autre chose que prouver que tous les hommes ont commencé par être ignorans, que le sentiment de la divinité les entraîne impétueusement, et que l'obscurité qui nous dérobe la divinité, jointe à la foiblesse de l'esprit humain, en faisant naître une religion grossière et des idées visibles, s'il m'est permis de m'exprimer ainsi, repose l'imagination et les facultés intellectuelles des sauvages entièrement incapables de soupçonner, de concevoir, de supporter l'incertitude et le vuide de la métaphysique?

Quant à la ressemblance que l'on remarque dans différentes religions, par rapport à la manière dont on dit qu'elles ont été transmises aux hommes, et qui semble annoncer une source commune, dont les divers canaux se sont plus moins corrompus, elle est réelle, et démontre naturellement que les conceptions des hommes sont, à peu de chose près, les mêmes dans tous les pays, et que les idées sur un même sujet, se présentent assez ordinairement sous la même face à plusieurs esprits. Pourquoi l'habitant des rives de l'Orénoque ne feroit-il pas un rêve à-peu-près semblable à celui de l'habitant des bords du Gange? Je ne vois rien d'extraordinaire à cela; tous deux sont hommes, c'est-à-dire, sujets aux mêmes vicissitudes, susceptibles des mêmes réflexions, et ayant des passions qui, les agitant dans le même sens, peuvent faire naître des idées semblables dans l'esprit de l'un et de l'autre.

Mais d'où vient l'opiniâtreté que les hommes ont eu à conserver des opinions extravagantes, lorsqu'ils étoient déjà instruits? De plusieurs causes. L'ignorance fut la base de la révélation ; la crainte d'offenser la divinité la soutient. Viennent ensuite les cultes ou loix religieuses qui entraînent l'homme par l'habitude, lui donnent peu d'occasions de réfléchir, et encore moins de liberté : puis les loix civiles, qui, presque dans tout pays, donnent du poids à toute religion, quelle qu'elle soit, d'où souvent elles tirent elles-mêmes toutes leurs forces. Moïse sait que sa nation est assez lâche pour ne vouloir pas finir d'elle-même l'esclavage ; il le lui ordonne de la part de Dieu, et il est obéi. Numa veut adoucir des hommes barbares et donner des loix solides à une troupe de brigands : une autorité humaine eût été trop foible, il agit au nom d'une divinité, et ses loix sont respectées. Ainsi les idées les plus extravagantes deviennent, à la longue, et par les autorités les plus sacrées, respectables et certaines dans tous les esprits. Qui oseroit alors lever le voile qui couvre la vérité, lorsque le fanatisme et l'intérêt sont prêts à frapper celui qui seroit assez téméraire pour le tenter ? Et combien y a-t-il de croyans qui s'avisent d'examiner si leur religion est vraie ? Combien de fanatiques, au contraire, sont incapables de raison ? Combien d'ames sensibles qui n'ont point la force de dissiper le prestige qui charme leur imagination ? Cette longue habitude de croire, jointe à ce qu'ont coutume de dire les prêtres de tous les cultes pour appuyer leur doctrine ; n'endort-elle pas le jugement ? C'est-là le piège le plus perfide, c'est celui où le philosophe lui-même se laisse prendre. Il sacrifie sa raison à la crainte puérile qui le maîtrise. Leibnitz ou Newton défendant le christianisme, me paroissent deux enfans qui, dans les ténèbres, voilent leurs yeux avec précaution, de peur de voir les monstres que leur imagination effrayée fait errer autour d'eux. Ne pourroit-on pas dire aux deux philosophes, comme aux enfans : laissez tomber le voile, et votre crainte cessera ?

En examinant comment l'homme a pu devenir idolâtre, j'aurai occasion de développer encore quelques idées qui feront mieux connoître l'origine de la révélation. Avant que de finir cet article, j'observerai que lorsqu'on a pu faire croire la révélation aux hommes, il n'est point d'extravagance qu'on ne puisse leur persuader en l'appuyant sur ce fondement. Si quelqu'un s'avise de remarquer que l'on fait faire à Dieu un personnage peu digne de lui, et qu'il parle un langage fort peu éloquent, on lui répond que c'est pour mieux se conformer au grossier entendement des hommes : si un astronome musulman observe que la lune ne pouvoit passer dans la manche du prophète de la Mecque, on lui donne pour raison que Dieu est tout-puissant, et il n'y a plus rien à dire. Enfin toutes les extravagances deviennent des mystères sacrés que l'on révère ; la vérité seule est un crime que l'on rejette.

DE L'IDOLATRIE.

Si l'on prend le mot *idolâtrie* dans le sens strict que présente son étymologie, qui exprime le culte que l'on rend à une statue, pour elle-même, jamais ce culte grossier n'exista. Il faudroit soupçonner l'homme d'une stupidité surnaturelle, pour supposer qu'il pût borner ses sentimens de crainte, de désir, d'espérance à une statue inanimée. Quand ses traits seroient aussi divins que ceux de la statue de Pygmalion, il ne l'adoreroit pas davantage, il ne feroit que l'admirer. En vain d'ignorans voyageurs nous assurent-ils que des peuples entiers adorent des idoles, des pierres brutes même : ces récits ne prouvent autre chose que le peu de capacité que ces voyageurs avoient pour étudier le cœur humain. S'ils en eussent été capables, ils eussent decouvert qu'à travers la plus grossière ignorance, l'homme apperçoit un rayon qui fait monter ses sentimens vers le ciel, et ne leur permet point de ramper toujours sur la terre. Le nègre stupide, prosterné devant une tuile qu'il a fabriquée lui-même, adore un grand être qui n'est point sa tuile. Ce Jupiter de marbre qui tient la foudre, est, aux yeux de l'idolâtre, l'image de celui qui fait trembler l'univers à sa voix. Les enfans de Jacob, dansant autour du veau d'or, imitent les Egyptiens, qui rendoient le même hommage à la statue du dieu qu'ils adoroient. Ce n'étoit pas des dieux sourds avec des oreilles, aveugles avec des yeux, muets avec une bouche; ce n'étoient point enfin l'ouvrage de leurs mains qu'ils adoroient; c'étoit les dieux que leurs craintes ou leurs besoins leur avoient fait imaginer, qu'ils adoroient dans l'ouvrage de leurs mains. Si un sauvage entroit dans les temples des chrétiens, au moment où ils sont tous prosternés au pied de la croix, ne s'imagineroit-il pas facilement que c'est la croix même qui est l'objet de leur adoration ? C'est ainsi qu'ont observé un grand nombre de voyageurs ; ils ont vu des actions et en ont imaginé le motif.

Remarquons, en passant, combien étoit sage cette idée des Iconoglastes, de ne vouloir pas que l'on fît d'images de Dieu. Quelle main en effet peut faire ce que l'imagination ne peut saisir ? Mais si ces briseurs d'images eussent été vainqueurs, le règne des superstitions eût eté bien plus court encore qu'il ne l'a été ; car rien n'asservit davantage l'esprit aux idées superstitieuses, que les pratiques d'un culte grossier. Quoique tous les hommes portent leurs sentimens religieux vers le ciel, il en est un grand nombre qui ne portent pas leurs réflexions plus haut que l'autel. L'idole qu'ils ont devant les yeux leur inspire toujours la même crainte, et leur donne toujours les mêmes illusions : c'est-là un effet de cette paresse qui detourne l'esprit humain de la fatigue des idées métaphysiques, & le repose sur des objets sensibles.

C'est de ce desir violent que nous avons de connoître Dieu, joint à la foiblesse de notre esprit, que nous viennent les fausses idées que nous en prenons. Dès que nous avons senti la douceur de la religion, nous nous tourmentons l'imagination pour nous faire une image de ce qui en est l'objet, et nous nous contentons plutôt de ce que l'imposture grossière nous enseigne, que de reconnoître qu'un voile impénétrable couvre l'objet de notre curiosité.

L'idée d'un être de qui tout vient, que tout annonce, et que rien ne montre, est très-fatigante pour l'esprit humain : cette idée est un vuide pénible où il ne peut se reposer. Entraîné cependant par le mouvement d'une piété naturelle, l'homme aime mieux arrêter son imagination sur un être fantastique, que de la promener au hasard. Son cœur hâte encore l'erreur de sa foible raison, en s'attachant volontiers et plus fortement à cet objet imaginaire ou grossièrement inventé, qu'à un Dieu qui étoit comme le néant pour lui.

Dieu dont l'existence est aussi prouvée que celle du monde, est nul pour nous : et comment aimer ce qui n'est absolument rien pour nos sens ni notre imagination? Cependant l'homme a besoin de s'adresser à Dieu, et de l'aimer assez pour espérer de le fléchir ; dans ce cas, il est obligé de rabaisser Dieu, ne pouvant s'élever jusqu'à lui. De-là vient cette diversité étonnante de religions : car, comme chacun a l'imagination différemment échauffée, chacun imagine la divinité différemment, en partant toujours du même principe, et se rencontrant dans tout ce qui est commun à l'humanité entière. Ainsi l'origine des révélations et de l'idolâtrie se trouve dans le cœur de l'homme qui veut aimer, et dans son esprit qui aime mieux se reposer sur le mensonge que de vaciller dans l'incertitude.

Il est aisé, d'après cette considération, de découvrir comment a pu s'établir (si cela est effectivement arrivé) parmi les hommes une idolâtrie brutale et grossière ; car je ne parle point ici de cette idolâtrie qui consiste à adorer sur la terre ce que l'on croit dans le ciel ; son motif est trop facile à saisir pour s'arrêter à le démontrer.

Si jamais l'homme borna ses espérances dans une idole, sans monter plus haut, il ne faut pas croire que cette étrange idée se soit mise de prime-abord dans son esprit : elle ne vint que lentement, c'est-à-dire, à mesure que l'abrutissement de la superstition et la crainte que lui inspirèrent les prêtres de l'idole, aidés de son ignorance, rendirent nulle sa raison (1). Le premier

(1) On a fait de grands raisonnemens pour prouver que l'idolâtrie doit son origine aux hiérogliphes égyptiens : cela peut être bon pour

qui

qui fit une idole voulut représenter le dieu de son imagination ; bientôt il trembla à son aspect, comme s'il eût été devant sa divinité imaginaire : ceux qui vinrent après lui conservèrent la même crainte, sans avoir, comme lui, l'idée de la divinité qui lui servit de modèle ; ou s'ils l'eurent, elle fut plus foible, et bientôt l'idole, dans leur esprit grossier, l'emporta sur le dieu même ; elle s'identifia tellement avec la divinité qu'ils finirent par ne voir que l'idole. Mais lorsqu'ils lui faisoient des sacrifices et lui adressoient leurs vœux, un certain sentiment inexplica-

---

l'Egypte et les pays voisins ; mais il est mille autres contrées qui n'ont jamais eu de relation avec les habitans des bords du Nil : en conséquence, leur superstition vient sans doute d'une cause semblable, mais non pas de la même. Toute idolatrie part d'une origine simple, mais obscurcie par le temps ; souvent elle ne vient que d'une allégorie que l'ignorance a dénaturée, et que la crédule superstition a respectée.

ble devoit naturellement les élever plus haut. Le défaut de raisonnement et l'impuissance de soutenir la moindre idée métaphysique, sembloit anéantir en eux ce qui n'étoit qu'obscur.

Et d'ailleurs quel peuple, quelle horde de sauvages, quel homme même fut entièrement idolâtre, j'entends de cette idolatrie qui attache tout-à-fait l'esprit à l'idole? Le nègre, je l'ai déjà dit, prosterné devant ses fétiches immobiles, n'adore-t-il pas des divinités invisibles? J'ai une trop grande idée de l'homme pour jamais me persuader qu'il puisse être abruti à ce point. Son esprit peut ramper sur la terre, mais il tend, comme l'aigle, vers les cieux; ce n'est point ici un préjugé, un entêtement, c'est un sentiment qu'il me seroit aisé d'appuyer par plusieurs considérations, si cette recherche pouvoit être de quelque utilité. C'est une chose qui seroit bien à desirer, que ceux qui écrivent l'histoire des hommes, les connussent assez pour n'en donner aucune fausse idée. Quand on parle d'une machine, on doit en connoître les ressorts pour démontrer le résulat de leurs opérations; quand on décrit les opérations humaines, il faut avoir étudié l'ame qui en est le ressort.

L'idolatrie, dans le sens strict de ce mot, n'a donc jamais existé; ce seroit dégrader trop gratuitement l'homme des principes de sa raison, et du sentiment divin qui l'anime à son insu, et même malgré lui; ce seroit soi-même renoncer au bon sens, et prouver sans replique qu'on a peu raisonné, si on se le persuadoit.

Quant à l'autre espèce d'idolatrie qui a été répandue par toute la terre, elle a, comme toutes les superstitions, son origine dans la crainte et l'ignorance. L'homme qui a un extrême amour de soi, sent dans son cœur s'élever une crainte extrême dans les dangers. Au milieu des tonnerres terribles, des éclairs effrayans et de tout ce qu'il y a de plus propre à inspirer la terreur dans la nature, il se rassureroit peu par l'idée abstraite et métaphysique de la divinité. La violence de sa crainte lui fait saisir violemment tout ce qui peut le sauver. Il cherche Dieu, lui donne un corps pour s'attacher après; il le prie, lui fait des promesses; il lui suppose la figure et les sentimens d'un homme, d'abord parce qu'il est homme lui-même, c'est-à-dire, incapable de concevoir la moindre idée de la divinité, et ensuite, parce que dans sa crainte et son ignorance, il ne peut même faire les premières réflexions. Son esprit se frappe des illusions que le danger a fait naître, et la moindre circonstance lui fera élever l'idole qui doit représenter l'être de son imagination; par cette image, il semble vouloir fixer auprès de lui la divinité qu'elle représente.

Si la crainte, jointe à l'ignorance, a créé l'idolatrie, la sensibilité s'est souvent attachée avec joie aux pieds des idoles. Une ame aimante, pour qui la religion est un des premiers besoins, se fait illusion pour mieux satisfaire ces sentimens d'amour dont elle est remplie. Comment réfléchiroit-elle lorsqu'elle ne veut qu'aimer ? Elle croit sincèrement l'imposture qu'on lui a enseignée, et n'a jamais la force de lever le voile qui couvre ses yeux ; elle craint d'irriter le ciel, ou plutôt trop préocupée de ses sentimens ; elle est incapable de soupçonner qu'on l'ait induite en erreur. Quand ces ames foibles ont été éclairées sur leur religion, elles ont besoin d'une grande philosophie pour se tenir dans les bornes de la sagesse ; leur pente à aimer les entraîne vers une illusion qui les charme.

Dieu n'est qu'un *mot* que l'univers nous enseigne ; l'imagination en fait un *Être* que nous saisissons, et sur lequel les ames tendres aiment à se reposer.

Ne pouvant m'élever jusqu'à Dieu, ainsi que le fait dire Rousseau à une de ces ames douces, je le rabaisse jusqu'à moi. Si les hommes parviennent jamais à n'offrir leurs hommages qu'à l'être intellectuel qui régit la nature, les personnes de ce caractère les replongeroient dans les ténèbres de l'idolatrie. Le premier qui reviendroit à cette religion impie et ridicule, agiroit comme *Julie*; il imagineroit Dieu pour mieux l'aimer, et ne regardant les jeux de son imagination que pour ce qu'ils sont, le second les respecteroit, et les autres les croiroient bientôt réels; alors renaîtroient les images, les idoles, et elles redeviendroient aussi nécessaires, aussi sacrées qu'auparavant. Voilà bien l'homme: il roule de la folie à la sagesse, et de la sagesse à la folie.

Une des causes (et c'est la plus forte) de la perpétuité de l'idolatrie dans le monde, c'est que dès l'enfance, dans tous les pays, on présente à l'homme une image de la divinité; cette image toujours difforme, puisque Dieu est inimaginable, fait sur l'esprit des enfans une impression profonde et durable, et ils ne conçoivent plus, étant hommes, dit J. J. Rousseau, d'autre Dieu que celui des enfans. Appuyés sur les mensonges qu'on leur a enseignés dès le premier âge, et pouvant satisfaire les sentimens d'amour de leur cœur, et se rassurer contre leurs craintes, leur vie s'écoule dans la sécurité et sans qu'il leur arrive de faire une réflexion sur le doute des principes qu'ils sont accoutumés de respecter : car pour oser examiner si la religion est appuyée sur des bases solides, il faut déjà commencer à douter. Un vrai croyant ne le fera jamais, parce qu'il ne peut chercher si ce qui est pour lui une vérité irrécusable, est vrai, autrement il tomberoit dans le doute, et ne seroit plus un vrai croyant. D'ailleurs, en donnant à l'enfant une religion quelconque, le fanatisme craintif ou l'imposture prudente ont toujours soin d'ôter à l'homme le moindre desir de l'examiner, en l'avertissant que le doute le plus léger sur les mystères, qu'on lui a enseignés, est toujours un crime énorme devant la divinité : un tel dogme n'inspire pas une grande envie de rechercher la vérité. Au reste, comme le dit encore le philosophe de Genève, quand une fois l'imagination a vu Dieu, il est bien rare que l'entendement le conçoive. Cela est aisé à sentir : ce n'est plus alors le Dieu de la nature que l'on voit ; c'est le Dieu de son temple.

Avant que de passer à un autre article, il est bon de remarquer que j'ai distingué l'idolatrie du polythéisme, quoiqu'à la vérité l'idolatrie ne soit que le culte du polythéisme ; ce qui auroit beaucoup mieux démontré ce que j'ai dit plus haut, qu'il n'est point d'idolatrie dans l'acception stricte de ce terme.

DE L'ASTROLATRIE.

L'ORIGINE de l'adoration des astres est trop facile à reconnoître pour s'arrêter à la rechercher. Quand l'homme ne peut percer ce voile terrible qui cache la divinité, il lui est presqu'impossible de ne pas arrêter ses regards sur ses plus majestueux ouvrages. Le soleil, cet astre brillant de gloire et d'éclat, parut aux premiers mortels, comme un Dieu puissant qui se promenoit dans les airs pour répandre sur le monde ses rayons et ses bienfaits : la lune sembla marcher sur ses traces ; amie de la nuit et dissipant l'horreur des ténèbres, elle devint la déesse des mystères : les étoiles, ces flambeaux éternels, placés, en quelque sorte, aux bornes de l'univers, paroissoient des yeux divins toujours fixés sur les hommes, et on leur attribua une influence sur les actions humaines.

DE LA ZOOLATRIE.

Plus l'on examine les actions de l'homme, plus il paroît un être étonnant, indéfinissable. Comment a-t-il pu se faire que cet être, dont la raison plane jusques dans les cieux pour y chercher la vérité, se soit quelquefois prosterné devant l'animal qui trembloit à son aspect ? Ceci m'étonne beaucoup plus que l'idolatrie, et est en effet beaucoup plus incompréhensible. Quelle raison donner de cette extravagante foiblesse de l'homme ? Dira-t-on qu'il reconnoît dans l'animal un être puissant et divin ? Quel sauvage assez stupide pour le croire, pour le songer même ? Dira-t-on plutôt qu'il le respecte en reconnoissance des services qu'il en reçoit ? L'homme peut-il adorer le cheval qui le transporte où il lui plaît ?

Disons donc que, comme l'idolatrie, la zoolatrie n'est que représentative, c'est-à-dire, que les peuples zoolatres adorent, dans les animaux, les dieux à qui ils en ont donné la figure. Isis ou Io, fille d'Inachus, étoit adorée chez les Egyptiens, sous la forme d'une vache, parce que Jupiter lui avoit donné cette figure pour la dérober à la jalousie active de Junon. Cette fable et toutes celles qui viennent d'Egypte et de la Grèce, devoient leur origine à quelques circonstances propres à l'allégorie, souvent à un nom ou, à une qualité : elle fut présentée avec des couleurs étrangères, et devint, par la suite, l'objet du respect des Peuples que l'ignorance d'abord, et ensuite une longue habitude avoient rendus superstitieux. Dans ce cas-ci, et dans tous les autres, ce n'étoit point la vache que l'on adoroit, mais la divinité qu'elle étoit sensée représenter.

Cependant ces mêmes Egyptiens cherchoient sur les bords du Nil, l'encensoir en main, le crocodille qui les dévoroit. Cet hommage avoit pour but d'appaiser sa rage. Mais comment expliquer cette idée extravagante ? Je ne sais : aussi ne donnerai-je point de conjectures que je ne sais sur quoi fonder.

N'oublions pas de remarquer qu'un grand nombre d'animaux ne furent respectés des idolâtres que par rapport à leur utilité. Tel étoit l'ibis qui mangeoit les serpens. On le respectoit comme un oiseau que le ciel envoyoit pour détruire des animaux nuisibles à l'homme. Sans doute que d'abord on se contenta de ne lui point faire de mal, de le distinguer des autres animaux à cause de son utilité. La superstition, cette fille bizarre de la crainte et de l'ignorance, vint, comme elle a coutume, changer ces sentimens de reconnoissance en des sentimens religieux ; et une fois qu'elle a pu annoncer et persuader les rêveries qu'elle enfante, l'impression qu'elles produisent est assez forte pour durer et pour que l'origine en soit bientôt méconnoissable. Quel homme voudroit se se charger d'expliquer la cause d'une opinion religieuse ? Rien n'est plus obscur, parce que l'ignorance, qui en est la source, est toujours environnée d'obscurité : rien n'est plus difficile à déterminer que les causes de son établissement, parce que rien ne tient à tant de fils différens. La raison qui fait croire une chose n'est pas celle qui fait croire l'autre. Quel philosophe osera dire jusqu'à quel point l'homme peut oublier sa raison ?

DU POLYTHÉISME.

Ce seroit en vain qu'on voudroit attribuer les premiers sentimens religieux de l'homme à toute autre cause qu'au sentiment de sa foiblesse ; tout prouve qu'il n'a cherché Dieu que pour se mettre sous sa puissance ; le sentiment d'amour n'est venu qu'ensuite. Quand il a été épouvanté, il est devenu fanatique. D'où venoient ces Dieux multipliés, si ce n'est de ce desir que l'homme avoit de se voir à chaque instant sous leur protection ? Comme, dans son ignorance, il lui étoit impossible de se faire une idée raisonnable de la divinité et de concevoir un principe suprême et universel, régissant l'univers sans intermédiaire, il donnoit une ame divine à chaque objet; il soupçonnoit un Dieu à chaque pas qu'il faisoit.

Remarquons cependant que tous les peuples polythéistes admirent une première divinité : les autres dieux n'étoient que des agens subalternes, qui, sous sa volonté, gouvernoient l'univers ou veilloient auprès des mortels.

Les premiers humains, en multipliant la divinité sous mille noms différens, paroissoient ne le faire que pour qu'elle entendît toujours leur voix suppliante. Le desir de leur cœur, échauffant leur imagination crédule, leur fit créer les chimères les plus douces. C'est sur-tout dans les belles plaines de la Grèce et sous le ciel le plus beau que naquirent les plus brillans mensonges. L'homme sembla vouloir constituer un dieu gardien de chacun des biens que la nature lui offroit. C'est pour lui que les forêts étoient habitées par les robustes Faunes, les Satires pleins de gaîté, les Dryades aimables; c'étoit encore pour lui que de douces Nayades veilloient à l'entretien des fontaines limpides; que de belles Nymphes demeuroient sur les rives fleuries des fleuves, et que des dieux résidoient éternellement à leurs sources. Zéphyr murmuroit dans l'air; Flore faisoit son palais dans les bocages, et des dieux bienfaisans protégeoient les moissons et les fruits. La nature entière, enfin étoit animée : mais un Être suprême, quoique apperçu grossièrement, étoit le principe de tout.

Faisons ici une remarque qui doit être appliquée à tout ce que nous avons déjà dit : c'est que l'homme inventa ses dieux d'après sa propre situation. S'il fut heureux et bon, il ne vit que des dieux bienfaisans ; s'il fut malheureux et méchant, il ne vit dans le ciel que des tyrans et des dieux cruels. Le Gaulois féroce comme les bêtes sauvages qui habitoient ses forêts, croyoit ses dieux avides de sang, parce qu'il étoit lui-même avide de le répandre. Son imagination effrayée les voyoient sous une forme si hideuse, qu'il craignoit de les rencontrer, et trembloit d'effroi au pied de leurs statues. Peut-être me fera-t-on observer que le Romain intrépide sacrifioit à la peur, et que les plus méprisables divinités furent souvent adorées par les plus grands hommes. J'en conviens, mais cela ne prouve rien contre la justesse de l'observation. Quand le mensonge est inventé, on ne le choisit plus ; il faut le croire.

Je n'ai rien dit et ne dirai rien de l'apothéose des héros, et des autels qu'on leur édifia. L'histoire elle-même nous apprend comment les hommes parvinrent à regarder comme des dieux quelques-uns de leurs semblables. La vertu est un si grand effort aux yeux du commun des mortels, qu'ils la regardent comme une force céleste ; elle est si bienfaisante qu'elle ne peut être que divine, et il n'est pas étonnant qu'ils lui élèvent des autels.

DES DIVINITÉS MALFAISANTES.

L'HOMME, effrayé des crimes qui se commettoient sous ses yeux, ne pût en attribuer le principe à l'homme seul ; il crut voir une puissance supérieure créer le mal en l'inspirant. Cette puissance ne pouvoit être celle qui répand les bienfaits avec tant d'abondance dans la nature ; ce ne pouvoit être qu'une divinité qui lui étoit contraire et qui cherchoit à détruire dans l'homme l'ouvrage de son ennemie. De cette idée, viennent les diables, les puissances infernales et tous les mauvais génies. L'homme peu porté à rentrer en lui-même pour y étudier les ressorts de son ame, et découvrir les causes de ses actions, ne put d'abord se persuader que le mal moral fut en lui. Accoutumé à laisser errer son imagination plutôt qu'à se servir de sa raison, il inventa des causes qui le dispensèrent du travail de trouver les véritables, et dans ceci, comme dans toutes les opinions religieuses, une fois qu'ont eut imaginé des causes, il ne fut plus permis au philosophe d'en trouver d'autres.

Si l'homme eût tourné ses méditations sur lui-même, il se fut apperçu qu'il avoit la liberté de bien ou mal faire, afin de bien ou mal mériter. Où seroit la noblesse de son ame; où seroient sa vertu, son mérite, s'il ne pouvoit faire que le bien? Il seroit dégradé jusqu'au point de n'avoir que l'instinct des animaux.

En réfléchissant, il eût découvert que ce penchant qui l'entraîne au mal, ne vient que de ce desir fougueux du bien-être qui lui fait mépriser toute considération, toute justice, souvent pour des illusions. Cet amour de soi qui est la source de tout bien quand il est réglé et enchaîné par la vertu, devient le principe de tous les désordres quand il n'est plus sous les loix de la modération. Si l'on ne s'aimoit pas, on ne seroit jamais bon envers autrui; mais si l'on ne cherchoit pas à tirer quelque satisfaction qui rentre dans cet amour de soi, quel mal feroit-on? On a beau dire que l'homme est méchant pour le plaisir de l'être; il ne l'est jamais que parce qu'il en tire ou croit en tirer quelque avantage. Le scélérat qui poignarde un voyageur n'examine pas si les remords le dévoreront un jour, il ne voit que le fruit qu'il va recueillir de son crime. Néron lui-même, Néron qui devoit être assez corrompu, assez cruel pour commettre le crime sans but, cherche cependant quelque satisfaction dans l'incendie de Rome et le meurtre de sa mère. L'homme enfin, quelque dépravé qu'il soit, n'est point méchant gratuitement. Cette vérité ne peut échapper à celui qui réfléchit.

Une cause peut-être plus forte de l'idée des divinités malfaisantes, est le mal qui semble régner dans la nature. Comment des hommes à qui tout principe de physique étoit inconnu, pouvoient-ils expliquer ces désordres qui semblent quelquefois annoncer la ruine de l'univers ? Pouvoient-ils attribuer au Dieu bienfaisant qui fait éclore les fleurs brillantes et mûrir les fruits délicieux, les tempêtes affreuses qui épouvantent la terre ? Pouvoient-ils croire que la main qui répand la rosée réjouissante, envoyoit aussi les grêles désastreuses ? Dans la crainte d'offenser le souverain Être dont la bonté n'est jamais douteuse, même pour l'impie, il ne restoit aux hommes qu'à imaginer une puissance malfaisante, amie du désordre, ou à regarder les fléaux qui agitent la nature comme des signes certains de la colère de Dieu contre les mortels ingrats. Dans l'un ou l'autre cas, la divinité étoit méconnue. Une divinité malfaisante troublant l'univers et le bonheur des hommes, annonce un Être suprême borné dans sa puissance, ou dont la bonté n'est pas assez grande pour délivrer ses créatures de leurs malheurs. Regarder les tempêtes comme les instrumens de la vengeance du ciel, c'est encore faire injure à la divinité qui donne aux hommes une nouvelle preuve de sa bonté, en purifiant les airs du poison mortel que les chaleurs font naître. O homme! si tu pouvois déchirer le voile qui couvre les mystères de la nature, quels nouveaux et innombrables sujets n'aurois-tu pas d'en aimer l'auteur? Tous tes chants ne seroient que des hymnes sacrées, et la vie un transport délicieux.

Quand on croit qu'il existe des causes aussi commodes que celles qu'ont inventées des hommes ignorans et fanatiques, rien n'est inexplicable. Les chrétiens expliquent tout par le moyen de la Grace et du diable. Ces deux causes ne nous laissent l'honneur, ni de nos vertus, ni de nos crimes ; la Grace nous donne les unes, et le diable nous fait connoître les autres. Que nous reste-t-il donc à faire ? Quel mérite avons-nous, si on nous fait faire le bien ? Et de quoi sommes-nous coupables, si on nous fait commettre le crime ? Il faut convenir que quand l'homme s'est éloigné de la nature, il s'est étrangement égaré.

DE L'ATHÉISME.

Quelque extravagantes que soient toutes les idées que nous venons d'analyser, elles m'étonnent cependant beaucoup moins que l'athéisme. L'athéisme est un monstre si éloigné de la nature, qu'il est pour moi aussi incompréhensible que le néant ; aussi suis-je très-persuadé qu'il n'y a jamais eu d'athées.

Solon ne fit point de loi pour punir le parricide, parce que jamais il ne crut que l'homme pût porter la barbarie jusqu'à ôter la vie à celui de qui il l'avoit reçue. Pour moi je ne croirai jamais qu'il soit au monde un monstre capable d'arracher de son cœur ce sentiment si tenace d'un dieu paternel. On a tant répété qu'il y avoit des athées; qu'on a cru qu'il pouvoit y en avoir; mais celui qui a réfléchi sérieusement sur cet objet, s'est convaincu qu'il y a plus d'hommes inconséquens que dénaturés, et qu'il est plus aisé de perdre sa raison que l'idée d'un Dieu. C'est en vain que l'homme voudroit abuser à ce point de cette divine faculté, le pouvoir ne lui en est pas donné. Quel philosophe ment assez à sa propre conscience pour me contredire? Si les hommes étoient tous sincères et conséquens dans leurs paroles, je suis bien sûr qu'il ne s'éleveroit pas une voix dans l'univers pour réclamer contre mon opinion. Mais quel homme ne dit que ce dont il est persuadé? En vain me citerez-vous ces hommes fameux par leur génie et leur audace criminelle, à nier une divinité qu'ils ne pouvoient s'empêcher de voir, vous n'apporterez que des preuves en faveur de ce que j'avance. Oh ! que l'homme est un objet de contradiction ! qu'il se connoît peu ! Il veut décider, et il n'a jamais su au juste ce qu'il pense certainement ; ses sentimens sont comme les flots de la mer qui se succèdent rapidement, sans jamais avoir exactement la même forme ; ce dont il se croit convaincu aujourd'hui, il en doute demain ; un autre jour il croira le contraire. Cet Epicure qui bâtissoit son monstrueux système d'athéisme, venoit quelquefois se prosterner au pied de Jupiter. Philosophe, à ce trait, reconnois-tu le cœur humain ?

Quand on veut se distinguer par une impiété audacieuse, on a bientôt renversé les autels des dieux ; on a bientôt édifié le système d'Epicure : mais le philosophe qui ne veut mentir ni aux hommes, ni à lui-même, n'a pas si-tôt si-tôt examiné ses propres sentimens. Dans leur fluctuation, il ne distingue pas si vîte ceux qui sont naturels de ceux qu'il crée, ceux qui peuvent le maîtriser de ceux qu'il dirige comme il lui plaît. Qui ne se connoît assez pour ignorer que les mêmes choses nous affectent différemment en un même jour ? Notre situation change, ou les objets se présentent sous un aspect différent ; et nos pensées, comme ce thermomètre qui varie selon l'impression de l'air, changent selon l'impression des objets. Nous ne jugeons que d'après notre perception, et mille causes changent ou modifient cette faculté. L'homme à qui la raison reste encore lorsqu'il est prêt à expirer, voit la divinité d'un œil bien différent que celui à qui une bonne santé (1) et une indif-

---

(1) Bonne ou mauvaise santé
Fait notre philosophie. (*Chaulieu.*)

Je connois peu de vers aussi profonds que ceux-ci. L'homme n'est véritablement presque

férence tranquille ne laissent que des réflexions vagues ou continues sans profondeur. Un peu plus ou un peu moins de nourriture dans l'estomac, change notre philosophie. Croyez-vous que le cerveau d'où est sorti le monstrueux système de la nature, n'a jamais été troublé par la terreur qu'inspire l'idée d'une divinité méconnue, et que son cœur n'ait jamais éprouvé le contraire de ce que sa main écrivoit ? Il n'est point d'hommes assez audacieux pour être athée, c'est-à-dire, pour étouffer entièrement l'idée d'un Dieu ; le croire, c'est prouver qu'on ne connoît point le cœur humain. Il ne s'agit pas ici de peu, il faut braver une puissance qui peut nous réduire en poudre, nous anéantir, et quel philosophe a déjà trouvé des raisons assez fortes pour se convaincre que cette puissance

---

jamais à lui ; les circonstances le maîtrisent toujours.

divine n'est qu'une chimère enfantée par la crainte ? L'homme affreux qui blasphême contre le ciel est saisi d'une crainte secrète qu'il repousse en vain loin de lui ; est-ce là un athée ? ce n'est qu'un impie, ce n'est qu'un insensé qui prend plaisir à se rendre malheureux. Lorsque le philosophe audacieux écrit, *il n'est point de Dieu*, il reste tranquille ; ce n'est point à Dieu qu'il songe, il ne veut qu'arranger des mots. Si un éclair sillonnoit subitement la nue pour annoncer la foudre, la plume lui tomberoit des mains ; c'est alors qu'il penseroit à Dieu, et qu'il ne pourroit prononcer sans frémir, *il n'existe point*. Sondons nos cœurs avec soin, voyons jusqu'à quel point l'homme peut déraisonner sans être déraisonnable ; voyons ce qu'il peut dire sans en être convaincu, et ce qu'il peut faire sans vouloir précisément cela, et nous verrons ensuite comment nous devons le juger.

L'homme est inconséquent dans ses

actions, parce qu'il est ignorant; il est inconséquent parce qu'il est foible; il l'est encore parce que son esprit conserve rarement l'impression qu'il a reçue. La principale cause de notre inconséquence est la fluctuation de nos idées, et je n'en vois point d'autres de cette fluctuation d'idées que l'ignorance qui ne peut les déterminer, et l'inconstance qui les fait succéder sans jamais permettre à aucune de se fixer. Pour mieux faire sentir cette vérité, supposons le contraire. Si l'homme n'étoit point entouré des ténèbres de l'ignorance, il connoîtroit les vraies causes des choses, il ne les supposeroit plus; en conséquence, ses jugemens ne seroient plus incertains et variables; il penseroit toujours de même, parce qu'ayant vu la vérité sans le moindre nuage, il la connoîtroit avec certitude, et connoîtroit aussi le danger qu'il y a à ne pas la suivre. Mais nous ne voyons jamais la vérité, nous ne faisons que la soupçonner. Dans notre existence fugitive, ce qui est le plus certain pour nous ne l'est guère plus que le fantôme que nous avons cru voir dans la nuit. Rendons cette observation sensible par un exemple. Un homme sait que de trop s'abandonnner à la débauche, détruit la santé et conduit à la mort; cependant, comme il lui reste toujours l'espérance de ne pas mourir, parce qu'il ignore s'il a déjà poussé assez loin ses plaisirs funestes, il continue : voilà l'inconséquence de l'ignorance; il continue aussi, parce qu'il n'a pas assez de force pour résister au penchant qui l'entraîne; voilà l'inconséquence de la foiblesse; il continue encore, parce que son esprit préoccupé ne songe point au mal que les plaisirs outrés font au corps : voilà l'inconséquence de la mobilité de l'esprit, qui n'est rarement qu'un instant pénétré de la vérité qui l'a frappé. Dans toute autre circonstance et peut-être dans celle-ci même, je joindrois l'inconséquence produite par l'orgueil qui nous fait agir en sens contraire de notre intérêt, et même de notre volonté : ainsi l'insensé dit qu'il n'y a point de Dieu, moins parce qu'il le croit, que pour étonner les hommes.

L'exemple d'un débauché qui se fait mourir, parce qu'il est inconséquent à sa raison, est applicable à toutes les actions de notre vie ; la conscience, (par ce mot j'entends la science intérieure que nous donnent le cœur et la raison ; science obscure mais certaine, non raisonnée mais sentimentale, et qu'une recherche systématique détruit plutôt qu'elle n'établit), la conscience nous marque toujours le point où nous devons nous arrêter ; mais il est bien rare que nous n'allions pas outre, ou que nous ne restions en deçà. Une fausse sagesse, aussi-bien que l'oubli de soi-même, étouffent presque toujours pour un temps, cette voix que Dieu a placée au fond de nos cœurs pour nous dicter nos devoirs ; mais jamais elle n'est étouffée entièrement. Tôt ou tard elle se fait entendre avec importunité : ainsi celui qui dit avec indifférence qu'il n'y a point de Dieu, entendra bientôt cette voix intérieure lui crier le contraire d'une manière terrible.

Que veux-je conclure de-là ? J'en conclus que l'athée n'est jamais qu'un être inconséquent, quelque philosophe qu'il paroisse ; car on ne peut nier l'existence de Dieu que dans le délire ou dans une indifférence qui ne laisse que des raisonnemens sans conviction ; j'en veux conclure qu'un homme peut fort bien se dire : J'écrirai un livre pour prouver au genre humain que l'idée de Dieu n'est qu'une idée factice, et écrire en effet cet ouvrage sans avoir fait une seule réflexion profonde sur la divinité. Ce n'est point ici un paradoxe que j'avance, c'est une vérité facile à saisir pour tout homme qui pense.

Nos idées ne sont pas à notre disposition comme nos paroles ; nous ne les fixons point comme nous voulons sur le premier objet qui nous plaît. Souvent un enchaînement de paroles peint moins ce que nous pensons présentement, que ce que nous avons pensé ou ce qui a été pensé par d'autres. De-là vient que tant d'écrivains n'ont point de génie; leurs discours ne peignent que des choses sur lesquelles leurs idées ne se sont jamais arrêtées. L'imagination n'est pas plus à notre disposition que les idées, et quand elle cesse d'agir, nous disons cependant encore ce que nous voudrions qu'elle nous présentât. Nous sommes si peu maîtres de nos idées, que lorsque nous les voulons fixer sur un objet, elles volent sur un autre, et que nous sommes toujours importunés de pensées éloignées de celles que nous recherchons. Il n'y a donc point de doute que l'on peut écrire sans être pénétré de son sujet, et il doit y en avoir d'autant moins que le sujet est plus métaphysique. L'homme qui veut parler de Dieu n'est pas toujours disposé à faire de profondes réflexions sur un sujet semblable qui ne laisse prise ni aux sens, ni à l'imagination : dans un pareil état, il ne lui paroît pas plus étonnant de prouver que Dieu n'existe pas, que de prouver le contraire (1). Je me figure facilement l'auteur du Système de la nature écrivant chaque jour quelques pages de son livre, sans jamais sentir un de ces coups qui portent plus de lumière à l'ame que tous les efforts de la réflexion, ou une de ces méditations qui nous absorbent dans leur profondeur. Et d'ailleurs, qu'est-ce que la métaphysique? c'est un cahos qu'on débrouille rarement, et qui souvent nous enveloppe de telle manière que nous ne nous recon-

(1) « S'il peut y avoir un homme de bonne-foi » qui soit sans religion, c'est un savant égaré » par l'esprit de systême, dont les études pro- » fondes ont émoussé l'activité des organes, et » qui cesse de croire parce qu'il cesse de sentir ». *Philosophie de la nature.*

noissons plus. Est-ce donc avec des idées métaphysiques qu'on parvient à la divinité? Je croirois plutôt le contraire : notre cœur se refroidit, et les mots s'arrangent toujours pour former des pensées que nous sentons peu ; ce n'est plus de Dieu que l'on parle alors, c'est de quelque être auquel on ne songe guère. Dieu se fait sentir vivement à nos cœurs, mais il glisse sur nos esprits, parce qu'il nous a moins donné l'idée que le sentiment de la divinité ; parce que nous devons plutôt l'aimer que le connoître.

La vanité que l'on flatte par la hardiesse d'un systême nouveau peut encore aveugler l'homme au point de lui faire tenir des discours que son cœur dément, et qui ne lui laissent que de longs remords mêlés de craintes. L'homme bien portant badine sur des objets terribles ; mais la maladie, en lui faisant sentir la fragilité de son existence, lui rappelle qu'il est foible, et cette foiblesse prouve sa dépendance et éveille la crainte : ce n'étoit pas un athée, c'étoit un homme qui oublioit sa nature et l'univers.

Enfin quiconque a étudié le cœur humain, ne sera jamais persuadé que l'athéisme puisse exister. L'homme peut oublier Dieu ; mais le renier, c'est un effort au-dessus de ses forces. Croit-on qu'un homme qui seroit convaincu qu'il n'y a point de Dieu pourroit vivre ? S'il étoit possible, quelle vie affreuse donneroit cette conviction ! Si Dieu n'existe point, la nature n'est plus pour moi qu'un amas de ruines : le ciel est muet, chaque objet est un objet d'horreur ; le crime lucratif est alors la seule vertu digne d'être exercée par l'homme intelligent (1) ; et le

(1) L'auteur du Système de la nature recommande la vertu à la fin de son ouvrage : c'étoit détruire l'édifice qu'il venoit d'élever ; c'étoit prouver qu'il n'étoit pas convaincu que Dieu n'existât point. Enfin étudiez ces hommes qui font parade de sentimens si éloignés de la nature, et vous les verrez se démentir à chaque instant.

crime cependant laisse encore des remords. Point de sentimens agréables pendant cette vie, point d'espérance pour l'autre ; ce monde enfin n'est plus qu'une chimère ; les hommes ne sont que des êtres maussades qu'on peut, sans conséquence, écraser comme des insectes. Un vertige affreux est toujours prêt à porter au crime, et inspire sans cesse le désespoir. La vie sans espérance est insupportable ; la mort qui n'ouvre que le gouffre de l'anéantissement est horrible. Croire qu'il n'est point de Dieu ! cette idée terrible accable la foiblesse humaine. O homme ! quand tu vantes devant moi ton athéisme, tu ne te vantes que d'un courage qui n'existe que sur l'ignorance du péril ; tu ne te vantes que de ton peu de capacité à réfléchir et de la froideur de ton cœur ; tu ne me montres que le crime de ton impiété, et non le crime impossible de l'athéisme.

« Achille défioit au combat Jupiter » qu'il ne connoissoit point ; mais il » redoutoit

» redoutoit Ulysse dont il connoissoit » le courage (1) ».

Et toi, ô immortel Rousseau ! toi dont le génie plongeoit dans les abîmes du cœur humain pour en découvrir les sentimens les plus secrets, comment as-tu pu peindre l'athéisme certain et tranquille ? Ces deux qualités contraires peuvent-elles se réunir dans le même cœur ? Où est l'homme qui rejette entièrement le sentiment de la divinité, et conserve la paix qui n'habite que le cœur de l'homme honnête et religieux ? Je ne parle point de la paix que laisse cette indifférence qui ne cherche point à détruire l'idée de Dieu, mais qui la laisse engourdie ; cette paix n'est que l'assoupissement des remords, ils se réveilleront terribles : ainsi au sein

(1) Je ne me rappelle pas en cet instant quel est l'auteur de cette idée ; mais rien n'est plus vrai, rien n'exprime mieux le stupide courage de l'insensé qui veut passer pour athée.

du calme le plus profond, se forme l'orage qui va ébranler les cieux.

Mais quel reproche peut-on faire au philosophe de l'humanité? il n'a point peint l'athéisme, il n'a représenté que le malheur du doute; il a tracé le caractère de l'homme à qui le sentiment, ce feu électrique émané de la divinité, n'a point donné la conviction; il nous a montré l'homme que la superstition humaine a révolté, à qui elle a ôté toute crédulité, et à qui il ne reste plus qu'une sagesse défiante qui demanderoit des prodiges pour croire, comme si elle n'avoit pas sous les yeux le prodige incompréhensible de la nature. Ah! l'homme à qui il reste encore sa raison pour croire, ne l'a jamais employée s'il n'est pas persuadé de l'existence divine. Wolmar, l'orgueil de créer de folles idées ne t'enivre point; ne mens donc point à ton propre cœur, sonde-le, ne dis que des mots sentis; et tu seras forcé d'avouer que, quoique la vérité ne se présente pas à l'homme dans un éclat sans ombre, elle n'est cependant pas assez voilée pour qu'on ne puisse la voir.

Et quel est donc l'homme incompréhensible qui, au milieu de l'univers, ce signe si étonnant de l'existence divine, ne voit que le hasard planer au-dessus des harmonies de la nature? montrez-le-moi, cet homme aveugle qui ne trouve dans les preuves d'une chose que l'objet contraire à ce qu'elles attestent; montrez-moi un philosophe qui, après de profondes réflexions, a dit avec une confiance sincère: il n'y a point de Dieu; la sensibilité de mon cœur n'est qu'une illusion, et l'ordre de la nature n'est qu'une chimère; qu'on me montre ce phénix, et je m'écrierai dans un transport d'admiration: Dieu tout-puissant! un nouveau prodige est échappé de tes mains: tu as créé un être raisonnable qui ne peut se persuader que tu existes.... Mais cet être est introuvable.

Je veux bien que lors même qu'on a

le magnifique spectacle de la nature sous les yeux, on soit encore dans ce doute qui n'est ni l'athéisme, ni la foi ; mais ce doute ne vient que de ce que l'on voit les objets sans être pénétré de ce qu'ils sont. Quand l'on veut remonter jusqu'à la divinité, il ne s'agit pas de délirer, mais il faut réfléchir profondément et sentir davantage. Je le répète : je ne m'étonne point de voir un philosophe suivre tranquillement ses froids raisonnemens et créer un monstre horrible sans en être effrayé ; il ne songe que légèrement à ce qu'il fait ; il ne lui faudroit qu'une de ces réflexions subites que le hasard fait presque toujours naître, et qui porte la lumière avec la vivacité d'un éclair, pour le rappeller à lui-même. Combien de fois n'ai-je pas médité sur les tombeaux, ces moniteurs terribles de la mort, sans être pénétré des profondes réflexions qu'ils doivent inspirer ? N'ai-je pas vu des cadavres même sans sentir ce qu'a d'étonnant cette privation de la vie ? Je me disois : que le sort de l'homme est incompréhensible ! et je ne disois que des mots ; je n'étois point frappé de l'idée qu'ils renferment : mais souvent aussi le simple aspect d'une inscription sépulcrale m'a frappé et m'a présenté la mort dans son appareil terrible. C'est alors que les réflexions se pressent, se roulent, comme un fleuve, dans notre esprit, et que toutes portent avec elles la conviction. Quel homme assez stupide, assez insensible pour n'avoir jamais éprouvé ce saisissement ?

Je présenterai encore une des causes de l'inconséquence de l'homme dans ses jugemens sur les objets métaphysiques ; cette réflexion pourra servir aussi à expliquer un autre phénomène non moins étonnant de l'humanité, je veux parler du Pirrhonisme.

Le point du moment présent est si imperceptible et passe si rapidement, que nous paroissons n'exister que par nos souvenirs et ce que nous imaginons; de-là vient que la vie ne paroît qu'un rêve fugitif, et que l'existence n'est point, si je puis ainsi dire, entière; elle nous laisse toujours à desirer d'en jouir avec un sentiment plus profond, plus certain de la jouissance; elle est même si légère quelquefois, qu'elle devient douteuse et paroît d'une singularité étonnante. Il y a des momens où je doute si je veille, il y en a d'autres où je douterai volontiers si j'existe; l'univers ne me paroît alors qu'une illusion, l'homme n'est plus à mes yeux qu'un être bizarrement composé; je me crois enveloppé d'un brouillard épais où une foible lueur ne donne qu'un jour plus incertain que les ténèbres. Mon esprit ne voit les objets que comme un enfant qui a tourné sur lui-même jusqu'à s'étourdir; mon cerveau me semble affecté d'une vapeur enivrante. Je ne vois plus rien, je crois tout imaginer. C'est sur-tout lorsqu'on s'enfonce dans les labyrinthes de la métaphysique que cette incertitude se fait sentir avec force : la métaphysique n'offre que des abîmes où la raison s'engloutit et se perd.

Il est aisé, d'après cette observation, d'expliquer la folie de ceux qui doutent de tout, même de leur existence. La vie étoit incertaine dans leur esprit, il leur sembloit qu'un rêve pénible les oppressoit, et ils attendoient la mort, comme l'heureux réveil qui devoit les instruire de ce qu'ils avoient été.

La même observation nous apprend aussi qu'il n'est pas permis à l'homme d'aller plus loin que le doute sur l'existence de Dieu, et que jamais il ne pourra se convaincre de sa non-existence. S'il doute que Dieu existe, comment pourroit-il s'assurer à lui-même qu'il n'existe pas?

Mais pourquoi m'arrêter si longtemps sur cet article? J'ai beau dévoiler le cœur humain, les hommes n'en mentiront pas moins aux autres et à eux-mêmes. N'y a-t-il pas eu des insensés qui ont nié le mouvement ? Qui croira qu'ils étoient persuadés que tout restoit dans l'immobilité ?

S'il y avoit des athées on n'en trouveroit que dans une espèce d'hommes qui le seroient, non parce qu'ils auroient cherché à le devenir, mais parce que rien ne les auroit tiré de cet état affreux ; ils seroient athées comme les enfans, parce que leur cœur ni leur raison ne se seroient développés. Mais dans quel coin de la terre trouverons-nous ces hommes ? Quel peuple est assez sauvage pour n'avoir pas l'idée d'une puissance divine ? C'est en vain que vous me citerez d'obscurs voyageurs ; je n'en crois pas, à ce sujet, des hommes qui ne sont capables que de voir l'habillement ou le commerce des nations. Si je ne vois point de culte extérieur, je sonderai les cœurs, et j'y trouverai les autels de l'Être suprême.

L'homme sauvage qui n'adore point la divinité, n'en a pas moins le sentiment; mais son extrême ignorance, la brutalité de sa vie, l'habitude à réfléchir, et, sur-tout, la pauvreté de sa langue, ce qui est pour beaucoup ici, ne lui laissent jamais remarquer ni l'objet de ce sentiment, ni quelquefois ce sentiment même.

Ce sentiment n'est qu'un sentiment vague que les distractions détruisent sans cessé, et qu'une apathie profonde laisse comme étouffée. Si le philosophe aidoit tant soit peu le sauvage à s'arrêter à cette idée obscure, il la distingueroit bientôt assez pour comprendre une puissance divine, sous quelle image que ce soit; ce n'est qu'un diamant dans les ténèbres qui brillera à la moindre lueur de jour. Pour que l'homme sauvage pût de lui-même distinguer ce sentiment, il faudroit qu'il sût raisonner, c'est-à-dire, qu'il fût philosophe avant que d'avoir l'idée de Dieu, ce qui n'a jamais été. Mais parce que ce sentiment n'est pas distinct, il n'en existe pas moins;

L'homme stupide qui n'a jamais réfléchi qu'il avoit cinq sens, qu'il éprouvoit des sensations, n'en a pas moins le sentiment. Dites-lui ce que c'est qu'un sens, et ajoutez qu'il n'en a point; il vous répondra que vous le trompez. Croit-on que les *Yaméos* et les *Brasiliens* qui ne savoient compter que jusqu'à trois, n'avoient jamais eu l'idée de cinq en voyant les cinq doigts de leur main? Les mots éclaircissent les idées; mais les idées, quoiqu'obscures, existent bien sans les mots. Cela est si vrai, que ces mêmes peuples qui ne comptoient pas au-delà de trois, parce que leur langue n'avoit point de termes pour exprimer les autres quantités, comptoient cependant bien dans la langue des Portugais. Combien d'idées étranges, de sentimens violens ou extraordinaires, qu'aucune langue n'exprimera jamais ou n'exprimera que foiblement!

L'auteur *de la philosophie du bon sens*, qui se plaît à détruire tout ce que les hommes regardent comme édifié sur des bases éternelles, dit que l'idée de Dieu n'est pas innée en nous. S'il n'eût rien ajouté, je ne le contredirois pas ; parce que je suis très-persuadé que nous n'avons aucune idée innée ; mais il va plus loin ; il conclut de-là que l'idée de Dieu ne nous est pas naturelle, que les idées morales ne sont pas communes à tous les hommes ; et pour appuyer cette assertion, il va chercher aux extrémités de la terre, des peuples barbares qui n'adorent point de Dieu ; il apporte en témoignage des missionnaires qui ne voyoient l'idée d'un Dieu établie que là où ils voyoient des prêtres et des autels ; il nous parle de quelques peuplades de l'Amérique qui mangent les enfans qu'ils ont eus de leurs concubines, *et qui*, à ce qu'il dit, *ne croient pas faire plus de mal qu'un Français qui mange un poulet*. Il est fort aisé de tirer une conséqnence affreuse de ces principes ; c'et que la religion, comme dit Lucrèce, n'a été enfantée que par une vaine crainte qui aime à créer des chimères ; les idées morales ne sont que des moyens inventés par d'habiles législateurs, pour retenir les hommes dans les bornes de la modération, et maintenir un juste équilibre dans la société.

J'avoue avec l'auteur, que nous n'avons pas d'idées innées, que nous ne recevons des idées que par le moyen de nos sens, et que si elles étoient innées elles seroient uniformes, à moins que l'Être suprême ne se fût plu à créer les idées horribles de Néron, et les idées bienfaisantes de Rousseau ; mais je n'avoue pas que l'idée du juste et de l'injuste n'est pas naturelle à l'homme.

L'enfant qui vient de naître n'a point d'idées, mais il en est susceptible. Un jour son cœur qui aura besoin d'aimer, lui donnera l'idée d'un Dieu bon ; à la vue de l'univers sa raison lui annoncera le créateur ; et le sen-

timent-

timent de sa foblisse le convaincra d'une puissance supérieure. L'idée de la divinité n'est donc pas innée ; mais, selon notre nature, il est absolument impossible que nous ne l'ayons pas.

Quant aux idées morales, elles sont les mêmes pour tous les hommes, parce que tous ont les mêmes organes pour les concevoir, les mêmes besoins pour en sentir l'utilité, la même raison pour les juger, et le même cœur pour jouir de leurs bienfaits. Dira-t-on que Néron ne connoissoit point l'horreur de ses crimes? Croit-on que le barbare qui brise sous ses dents les os de son fils, est persuadé qu'il ne fait point de mal ? La preuve du contraire, c'est qu'il ne voudroit pas qu'on lui en fît autant.

Il ne nous reste donc, pour trouver l'athéisme, qu'à le chercher dans l'ame informe de l'homme qui, relégué dès sa plus tendre enfance dans quelque désert parmi les bêtes féroces, n'a jamais communiqué avec ses semblables.

Je ne doute pas cependant qu'en scrutant soigneusement son cœur, on n'y découvre encore un sentiment obscur et involontaire de la divinité. L'idée consolante d'un Dieu est comme le soleil qui, par-tout où il ne brille pas, insinue cependant sa douce chaleur : cette idée bienfaisante se fait encore soupçonner dans l'ame où elle est inconnue.

C'est donc en vain que Bayle examine avec tant de travail, si un peuple d'athées seroit plus ou moins funeste qu'un peuple de fanatiques. Jamais un peuple aussi affreux n'existera. O philosophes ! vos raisonnemens égarent souvent la raison ; mais ils ne la détruiront jamais !

La chimère de l'athéisme évanouie, il ne reste plus que les cepticisme, qui n'est malheureusement que trop réel.

DU SCEPTICISME.

Je n'ai jamais pu comprendre comment un être raisonnable peut trouver dans la nature tant de raisons de douter de l'existence de Dieu, sans en trouver quelques-unes qui l'assurent d'un créateur. Dis-moi, homme incertain, qui éloigne la conviction de ton cœur; seroit-ce ces systêmes déraisonnables, fruits du crime ou de la froideur du cœur? Et que sont ces vaines idées contre l'univers? Quoi! les rêves d'une imagination en délire seroient-ils en balance avec la nature elle-même? Mon ami, crois-moi, ne cherche pas à détruire en toi, par un doute inutile, les bases du bonheur. Quand l'existence de Dieu ne seroit qu'un songe, l'homme ne devroit jamais chercher un réveil funeste. Mais il faut se trouver dans une situation bien étrange pour conserver un doute qui ne se soutient que par un aveuglement toujours prêt à se dissiper. L'homme qui doute de l'existence de Dieu, ressemble à celui qui mettroit un bandeau sur ses yeux et n'oseroit plus décider s'il est jour ou nuit.

Tu n'oses affirmer si une divinité a créé le monde, ou si le hasard, dans un mouvement indéterminé, n'a pas fait sortir du néant ou du cahos, les harmonies sublimes qui frappent nos yeux, ou que nous ne faisons que soupçonner : et quel est donc ce hasard ? Avant que l'univers que nous voyons, existât, ce même hasard ne l'avoit-il pas déjà construit? et s'il l'avoit construit, pourquoi le laisse-t-il subsister si long-temps ? Pourquoi les cieux, malgré l'horreur et la violence des tempêtes, conservent-ils toujours la même forme ? Pourquoi les planètes suivent-elles avec tant de précision leur cours accoutumé. Quoi ! l'ouvrage du hasard est-il donc celui d'une sagesse toute-puissante ? Mais leur pente, diras-tu, leur nature, leur donnent peut-être cette impulsion. Leur pente ! et qui a donné le premier mouvement à cette vaste, immense machine? Leur nature ! et qui la leur a donnée cette nature ? une chose se crée-t-elle ce qu'il lui plaît ? est-ce par hasard qu'elle se crée ? O homme sans raison ! as-tu donc un génie plus profond que celui que t'a donné l'Être suprême, pour concevoir un hasard producteur mille fois plus incompréhensible qu'une providence créatrice (1) !

Il est une observation bien étonnante

---

(1) « Ceux qui ont dit qu'une fatalité aveugle a produit tous les effets que nous voyons dans le monde, ont dit une grande absurdité ; car quelle plus grande absurdité qu'une fatalité aveugle qui auroit produit des êtres intelligens » ? (*Esprit des Loix, Liv. I, ch. I.*) Si le génie profond de Montesquieu n'a pu comprendre un hasard créateur, sera-ce aux esprits obscurs des Spinosa, aux ames froides des Lucrèce à comprendre cet horrible néant ? Ceci me confirme de plus en plus dans l'idée que j'ai que ceux qui nient la divinité font des raisonnemens qu'ils n'entendent pas.

à faire sur l'homme ; c'est qu'il n'est aucun être plus avide du bonheur, et qu'il n'en est aucun qui se plaise tant à détruire celui dont il peut jouir facilement. Rien n'est plus prouvé que l'existence de Dieu, rien n'est plus propre à nous donner cette félicité paisible qui est la seule vraie : cependant il est des hommes qui ne peuvent se persuader fermement qu'une intelligence divine préside à l'univers. Qu'est-ce qui peut les retenir dans ce doute ? Je ne verrai jamais comment un homme peut trouver des sujets de doute dans les objets même qui sont des preuves incontestables pour tous les autres hommes (1).

---

(1) « Comment peut-on être sceptique par systême et de bonne-foi ? Je ne saurois le comprendre. Ces philosophes, ou n'existent pas, ou sont les plus malheureux des hommes : le doute sur les choses qu'il nous importe de connoître est un état trop violent pour l'esprit humain ; il n'y résiste pas long-temps, il se décide, malgré lui, de manière ou d'autre, et il aime mieux se

Quand la nature ne seroit qu'une agrégation de ruines, elle n'en annonceroit pas moins un architecte; quand elle ne produiroit les arbres et les fruits que comme un vieux morceau de pain produit de longues barbes de moisissure, cela ne prouveroit absolument rien en faveur du doute; il nous resteroit toujours à déterminer si la matière peut ou ne peut pas exister par elle-même. Quand on pourroit prouver que l'univers n'est qu'un composé informe d'élémens, comment prouveroit-on que la force vitale, cette ame productrice du monde, est aussi un effet du hasard? On aura beau me dire que chaque élément a cette vertu en lui; c'est me dire seulement: une chose n'est pas là; mais ici; il faudra toujours savoir d'où vient cette vertu (1). Quand on dira, comme

---

tromper que de ne rien croire». *J. J. Rousseau, Emile, tome III.*

(1) Quand Lucrèce explique les révolutions de la nature, qu'il dit que les corps ne sont dissous

l'ont dit quelques mauvais physiciens, que la corruption engendre des êtres vivans, il restera toujours à savoir pourquoi la corruption peut produire ce phénomène.

Convenons de bonne-foi que l'homme qui s'efforce à douter de l'existence de Dieu, a plus de peines mille fois à trouver une seule raison pour s'appuyer dans son doute, que l'homme qui croit, n'a de facilité d'en trouver un million pour s'assurer dans sa croyance.

Non, jamais je ne douterai de l'existence d'un Être suprême, d'un Dieu

---

et rendus à leurs premiers élémens que pour former de nouveaux corps, qui ne seroit tenté de croire que l'auteur ne veut que prouver la sagesse de l'Être suprême, qui ne change la nature que pour lui conserver sa jeunesse ? Point du tout ; il veut prouver que cette marche étonnante n'est que l'effet du hasard, comme si le hasard pouvoit marcher toujours à pas si réglés. O folie humaine ! ô orgueilleuse mauvaise foi !...

qui rendra un jour l'homme juste heureux. Quand les tempêtes ébranleroient l'univers, quand les élémens mutinés se dissoudroient et laisseroient évanouir, comme un songe, le spectacle de la nature, et que l'homme seroit abîmé sous les ruines du monde, je croirois encore qu'il existe un Dieu.

Mais quand je me trouve au milieu de la nature éclatante de majesté, que je jouis des fruits de la terre, des animaux qui m'environnent, que je vois passer alternativement sous mes yeux la riche variété du printemps, la vivante scène de l'été, les utiles dépouilles de l'automne, et les majestueux frimas de l'hiver; quand mon œil étonné parcourt les harmonies de la nature, les chaînes des montagnes, l'épaisse voûte des forêts, l'immensité des mers; quand je me promène dans la rosée brillante du matin, que je goûte voluptueusement l'ombre du midi, que je jouis de la mélancolique fraîcheur du soir; quand je considère le soleil suspendu au milieu de l'univers et versant des flots de lumière et de vie sur les mondes qui l'entourent ; et sur-tout quand je sens en moi-même le plaisir délicieux d'avoir fait une bonne action, je ne serois pas convaincu de l'existence d'une divinité !.. Dieu de l'univers ! aurois-tu donc arraché mon cœur et anéanti ma raison ! Loin de moi ; homme rempli de raisonnemens faux ! Que sont tes sophismes auprès des sentimens sublimes qui élèvent mon ame ! Non, je ne m'efforcerai jamais d'arracher de mon cœur le sentiment de la divinité, ce germe fécond de vertu, cette espérance assurée du bonheur, cette vérité que je sentirois toujours malgré moi-même : ce seroit m'efforcer de me rendre le plus stupide ou le plus malheureux des hommes.

Je ne chercherai pas à prouver l'existence de Dieu : que dirois-je lorsque l'univers a parlé ? Philosophe ! sois de bonne-foi avec toi-même, vois la nature ; si tu n'es pas convaincu, gémis d'être né sans raison et sans ame ; mais ne cherche point à détruire le bonheur du genre humain, et renferme ton affreux secret dans ton cœur glacé.

DE DIEU.

Le sage qui a dissipé dans son esprit les folles erreurs des hommes, et qui n'a point éteint dans son cœur la sensibilité, voit un univers bien différent de celui que voit le vulgaire des humains. Ce n'est point un Dieu fantasque, un Dieu maîtrisé par les passions des mortels qui gouverne cet univers, c'est un Dieu que l'homme ne comprend point, mais dont il voit la grandeur, et dont il sent la bonté. De cette idée naissent les sentimens sublimes de religion qui animent l'homme sage, et les consolations qui le soutiennent dans les malheurs de la vie. Il connoît trop la divinité pour ne pas fouler aux pieds les petitesses de la superstition, et regarder en pitié les fureurs du fanatisme ; il la connoit trop, pour ne pas lui rendre son hommage : mais il l'adore avec un cœur simple et une ame élevée.

Présentons ici l'idée de Dieu, telle que la nature nous la donne. Laissons les doutes et les vains systêmes des hommes ; ils ne font que jetter les ténèbres sur la lumière même de la vérité. Que m'importe quand vous discourez sur l'essence divine, sur son séjour, sur son éternité ? Vos discours m'éclaireront-ils ? vos décisions anéantiront-elles mes doutes ? (1) Je crois

(1) Bien des extravagans et des philosophes ont discouru sur la divinité, ont tâché d'expliquer son essence, ses attributs : qu'en est-il résulté ? des rêves. Eh ! notre cœur ne nous a-t-il pas tout dit ? qu'avons-nous besoin de délirer pour trouver le reste ? L'homme de bonne-foi finira toujours par s'appercevoir de son ignorance et des sentimens de son cœur. Tout est dit dans ces beaux vers de M. d'Arnaud :

Mon esprit ne sait rien, et lui-même il s'ignore ;
Mais mon cœur sent un Dieu, le chérit et l'adore.

ce

ce que ma raison et mon cœur me disent de croire ; je doute lorsque je ne puis m'assurer, et je méprise tous ces frivoles discours, qui ne me présentent jamais la moindre lueur de vérité, ni le plus léger motif pour être meilleur.

Présentons *la Religion de la nature*, celle de l'homme libre et sage, en peu de mots, afin que l'esprit en soit plus frappé : et puissent ce peu de mots être utiles aux hommes !

PREMIER ARTICLE DE FOI.

IL Y A UN ÊTRE SUPRÊME.

PREUVES.

L'Univers me l'annonce, ma raison l'apperçoit, et mon cœur le sent.

SECOND ARTICLE DE FOI.

L'ÊTRE SUPRÊME EST TOUT-PUISSANT, BON ET JUSTE.

PREUVES.

TOUT-PUISSANT. *Nous ne pouvons concevoir un espace infini, parce qu'il faudroit que notre imagination parcourût cet espace pendant l'éternité : cependant à la vue seule de l'univers nous avons une très-obscure idée de cet espace sans bornes : que doit donc être le Dieu qui l'embrasse tout entier? Quelle doit être sa puissance? Et quand nous ne le concevrions que dans la partie de l'uni-*

vers que nous voyons, combien sa puissance ne seroit-elle pas encore au-dessus de nos foibles réflexions !.....

BON : *Comment ne seroit-il pas bon, lorsqu'il est tout-puissant ? Nous ne sommes méchans que parce que nous sommes foibles, nous dont la nature est si loin au-dessous de la sienne. Si personne ne pouvoit nous offenser, connoîtrions-nous la haine ? Si nous pouvions subvenir à nos besoins, à nos plaisirs par notre seule volonté, désirerions-nous jamais le bien d'autrui, commettrions-nous des violences ? Si nous pouvions éloigner de notre esprit ces vertiges affreux, ces dégoûts assoupissans, serions-nous jamais cruels ? Si nous pouvions tout sans faire le mal, sans avoir intérêt à le faire, nous ne le serions jamais. Dieu est donc nécessairement bon : quand cette preuve ne seroit pas convaincante pour l'homme, je lui dirois : Cherches-en un autre dans ton propre cœur. Celui qui t'a rendu capable d'aimer le bien, digne d'être vertueux, peut-il ne pas être bon? S'il eût été cruel, il t'eût fait aimer le crime; mais il ne t'a laissé que le pouvoir de le commettre. La plus grande preuve de sa bonté, c'est que quelque méchant que l'on soit, on desire toujours d'être bon. Au milieu des crimes et des débauches, l'affreux Caligula devoit encore desirer d'être vertueux.*

JUSTE : *C'est une suite de sa toute-puissance et de sa bonté. Nous nous convainquons aussi qu'il est juste en sondant nos cœurs. Nous aimons la justice, le triomphe de l'innocence nous réjouit, et la punition du crime nous satisfait. Les mauvaises actions qui nous échappent, nous laissent des remords; nous voudrions pouvoir les effacer de notre vie* (1). *Comment Dieu qui a mis*

---

(1) *Des remords!* dit le philosophe qui ne connoît qu'à demi le cœur humain, et qui se plaît à détruire tout ce qui peut attacher l'homme aux vertus; *des remords! ils ne sont que l'effet des préjugés; l'adultère est un crime ici, ailleurs*

ces sentimens de justice dans nos cœurs et qui nous les fait aimer, ne possèderoit-il pas la justice au suprême degré ? Dieu est le seul être parfaitement juste,

---

les femmes sont communes, et on ne sait ce que c'est qu'adultère. Soit : mais que conclure de-là ? que chaque peuple a souvent fait des crimes ou des vertus, suivant ses mœurs ou ses besoins. Mais il est une chose qui ne varie point ; c'est que par-tout où on fait de la peine à son prochain, on fait mal et que l'on s'en repent tôt ou tard. A Sparte, ce n'étoit pas un crime de voler ; en conséquence, le vol ne devoit point laisser de remords : ici, c'en est un, et il doit laisser une horreur de lui-même à celui qui s'en rend coupable. Il ne s'agit pas de savoir si ce qui est bien ici est mal ailleurs ; il s'agit de remarquer que tout ce que l'homme croit mal lui laisse des remords, et que tout ce qu'il croit bien donne de la sérénité à son âme. Cette observation prouvera éternellement à celui qui est de bonne-foi, que l'homme, de quelque manière qu'il se conduise, a toujours en lui la haine du mal et le desir du bien : c'est ce qui constitue sa bonne ou mauvaise conscience ; c'est ce qui, quoiqu'en disent les sophistes, le rend intérieurement heureux ou malheureux.

parce qu'il est le seul tout-puissant. Le plus juste des hommes ne peut moralement et physiquement exercer une justice entière.

Voila tout ce que l'homme peut croire raisonnablement et avec fermeté. S'il veut croire davantage, il court risque d'accorder à la superstition ou à l'imposture une foi aveugle qui, depuis si long-tems, dégrade le genre humain.

Nous verrons bientôt comment de ces articles, de l'existence de Dieu, de sa toute-puissance, de sa bonté et de sa justice, naît la religion la plus sublime, la plus consolante, et la plus propre à inspirer la vertu.

Ce n'est cependant pas assez de la certitude de l'existence de Dieu pour faire naître la religion dans le cœur de l'homme, il faut encore qu'il sente que son ame est immortelle. L'homme qui la croiroit mortelle ne seroit jamais religieux. Il se diroit : que m'importe la Divinité ? Quand elle m'aura anéanti, sa vengeance aura-t-elle prise sur moi ? Examinons donc si l'homme peut et doit raisonnablement espérer une autre vie où il recevra la récompense de ses vertus, ou le châtiment de ses crimes.

CHAPITRE II.

DE L'AME.

En voyant l'univers, je sais que Dieu existe : mais qu'est-ce que Dieu ? Quand je m'apperçois que je pense, je sais que j'ai une ame ; mais qu'est-ce qu'une ame ? C'est en vain que l'on a fait de si énormes volumes sur la psycologie ; celui qui les lit ne fait que se convaincre à ce sujet de notre ignorance, sans jamais s'instruire davantage. Les traités de l'ame ne sont que des traités de ce que nous ne savons pas sur l'ame. N'est-il donc pas bien étonnant, après cela, que tant de philosophes insensés ou de mauvaise foi, se soient avisés de dire : l'ame est ceci, ou cela? De quelle autorité Lucrèce vient-il nous dire qu'elle est matérielle ? Ce philosophe imposteur l'a-t-il vue, pour l'assurer aux hommes? Pourquoi Platon me dit-il que c'est une émanation de l'ame universelle ? Est-il le seul qui ait pu déchirer le voile qui couvre les ressorts de la nature? L'un me dit que c'est un souffle, l'autre du feu ; je leur demande toujours : d'où savent-ils cela ? et s'ils l'ont rêvé, pourquoi vouloir le faire croire aux hommes ? Rousseau connoissoit le cœur humain, et il a dit : *Où est le philosophe qui pour sa gloire ne tromperoit pas volontiers le genre humain?* Ceux qui bâtissent des systêmes ne veulent qu'étonner ; la vérité et l'utilité leur importe peu.

Je ferai une courte analyse de ce que je pense sur l'ame, moins pour éclairer que pour faire réfléchir ; moins pour affirmer que pour faire douter. C'est ici que le doute est sage et utile; parce que la raison ne peut le détruire.

Je ne sais quelle est l'essence de l'ame, et je ne m'inquiète nullement pour le savoir, parce que je ne l'apprendrois jamais.

Quant à son siège, je ne puis douter qu'il soit à la tête, puisque je ne raisonne ni par mes pieds, ni par mes mains. Mais qu'il soit principalement dans la glande pinéale, dans la substance médullaire du cerveau, ou dans les fibrilles, c'est ce que j'ignore, et ce que, pour ne pas perdre mes peines, je ne chercherai jamais.

L'ame a-t-elle une existence propre, ou n'existe-t-elle que par les sens? J'ose croire que si nos sens n'avoient pas fait en nous leur office, notre ame seroit comme si elle n'étoit pas; notre ame n'est en nous que comme un miroir qui ne réfléchiroit absolument rien, s'il étoit possible que rien ne frappât sa surface. Je suppose qu'un homme naisse tout-à-coup avec toutes ses facultés ; je suppose Adam, par exemple, qui sort du sommeil du néant dans le jardin d'Eden. Le feu céleste, la vie vient de couler dans ses membres: mais existe-t-il réellement avant d'avoir senti ; peut-il penser, raisonner, je dis moins, avoir la plus légère conscience de son existence avant d'avoir fait usage de ses sens ? Si plusieurs philosophes s'étoient fait cette question, et qu'ils l'eussent examinée, comme l'ont fait Loke et Condillac, ils ne se fussent pas avisés de dire que nous ayions des idées innées. Comment peut-on dire que nous avons des idées innées, lorsque nous ne pouvons rien imaginer au-delà de ce que nous avons apperçu par nos sens, et qu'un homme ne peut avoir l'idée la plus simple, si quelque circonstance ne l'a fait naître en lui ? Faites-moi donc connoître une de ces idées. Cherchez dans Mallebranche, dans Loke, la pensée la plus abstraite, la plus métaphysique; en l'examinant bien, en la décomposant, vous verrez que son principe est entièrement physique, matériel: dès-lors il est aisé de conclure que l'ame (1) ne l'a produite qu'en partant des sens. L'idée de Dieu est, sans contredit, la plus abstraite, la plus métaphysique; cependant nous ne la tenons que de nos sens. Si nous n'avions jamais vu

(1) Je prends le mot *ame* dans l'acception qu'on lui donne pour l'ordinaire, c'est-à-dire, que je la considère ici comme l'esprit ou ce qui nous fait raisonner; car, à bien considérer l'homme, il y a en lui deux natures très-distinctes, l'une physique, l'autre morale. Il y a quelque chose en moi qui anime la machine de mon corps, j'appelle ce *quelque chose*, ce feu vital, *ame*; cette *ame* n'est proprement que mes sens: mais j'ai encore une autre *ame*, c'est celle qui juge d'après mes sens; il est bien certain que cette *ame* qui juge est bien différente de cette *ame* qui produit les sensations; l'une est une machine toute matérielle, l'autre est... j'ignore quoi.

l'univers, si nous n'avions rien entendu, rien goûté, rien flairé, il est plus que probable que nous n'aurions jamais eu l'idée de Dieu, ou notre nature eût été autre qu'elle est. Efforcez-vous d'imaginer quelque chose au-delà de ce que vous avez senti : quand vous auriez l'imagination ardente d'Homère, vous ne créerez jamais que des monstres dont les parties hétérogènes se trouveront éparses dans la nature. Il n'est rien pour vous au-delà de ce que vous avez vu ; la course de vos idées s'arrête au point où vos sens cessent d'agir.

Je ne veux pas conclure de-là que nous avons besoin de sentir chaque fois que nous raisonnons ; je conclus seulement que nous ne pouvons penser sans l'entremise de nos sens. Il nous reste des idées, des images de ce que nous avons senti, et c'est en rapprochant ces idées, ces images, que le jugement fait son office. Je juge qu'une chose est longue, parce que j'en ai vu une petite ; si si je n'avois jamais vu qu'une chose, je n'aurois jamais pu dire si elle étoit longue ou courte, parce que n'ayant jamais comparé, il m'eût été impossible de juger. Nous n'avons enfin en nous que l'aptitude à recevoir les idées, et nous n'aurions pas les plus simples, si rien ne les eût fait naître. Notre ame, comme je viens de le dire, n'est donc absolument qu'un miroir qui ne réfléchit que ce qui frappe son plan.

L'homme à qui il manque un sens, doit naturellement avoir une portion du jugement paralysée. Quelle idée un sourd de naissance peut-il avoir des sons ? L'univers est muet pour lui, et il ne soupçonnera jamais qu'il existe du bruit. Qu'à cette surdité se soit joint un aveuglement également de naissance, il ne concevra jamais l'univers plus étendu que le petit espace qu'il aura parcouru. Un aveugle demandoit un jour ce que c'étoit que la couleur écarlate dont il avoit entendu faire un grand éloge. On lui répondit que c'étoit une couleur rouge et très-vive. Il laissa le mot rouge de côté, comme ne pouvant le comprendre, et répondit : oui, oui, j'entends ; c'est une chose aussi vive que le son d'une trompette. Ce pauvre homme prenoit sa comparaison du son d'une trompette, parce que ce son lui écorchoit les oreilles au vif. Refusez ainsi à l'homme jusqu'à son dernier sens, et son ame restera nulle. Il faut donc conclure de-là que l'ame ne se développe que par le moyen de nos sens, et qu'elle ne fera pas le moindre progrès sans eux.

De cette définition qui me paroît juste, un matérialiste pourroit tirer une forte preuve en faveur de son systême d'anéantissement. Si l'ame, diroit-il, n'existe que par les sens, elle ne leur survivra pas : c'est autre chose. De ce que l'ame, tant qu'elle vivifie le corps humain, ne peut donner des signes d'existence qu'après avoir été animée elle-même par les sens, il ne s'ensuit pas qu'elle ne puisse fuir ce corps, et être toute autre lorsqu'elle ne sera plus dans la captivité des sens. Tant qu'elle est dans le corps, elle dépend évidemment des sens ; mais elle est autre chose que ces sens : les sens la réveillent, mais ne la créent pas ; ils lui portent la lumière, non la vie. Enfermez Rubens dans une chambre où le jour n'aura pas la moindre entrée, il ne peindra plus et n'en sera cependant pas moins un grand peintre, quoique ne pouvant exercer son talent sublime : laissez entrer la lumière, et la toile va s'animer sous ses pinceaux. L'obscurité anéantit-elle les talens de Rubens ? sont-ils créés par la lumière ? non sans doute ; il en est de même de l'ame : l'absence des sens ne l'anéantit pas, leur activité la tire de l'engourdissement.

Au reste, je trouve singulier que les hommes veulent affirmer, par la comparaison de leur vie présente, ce qu'ils seront après leur mort; c'est juger d'une chose par une autre qui n'a aucun rapport avec elle. Quand, partant des loix physiques, quelqu'un assure que l'ame ne peut exister dès que les sens sont éteints, je demanderai toujours si la partie de l'ame qui jugeoit des couleurs s'est détruite parce qu'un homme a perdu la vue ? S'il ne s'agit que de trouver des sophismes pour décider ce qui est au-dessus de notre raison, certainement celui-ci n'est pas des plus aisés à détruire. Si l'ame peut survivre à un sens, elle peut également survivre à tous. Je sais bien que, dans ce cas, son existence n'est plus actuelle, mais seulement de souvenir ; c'est une chose qui a vu, qui a entendu, touché, goûté, flairé, mais qui maintenant ne voit, n'entend, ne touche, ne goûte ni ne flaire ; c'est un être incompréhensible, c'est la mémoire ou l'imaginotion, et non la perception actuelle...

Mais pourquoi s'égarer dans cet abîme de métaphysique, d'où l'on ne s'échappe, comme Dédale, qu'en volant à travers les airs ? Qu'ai-je appris quand j'ai beaucoup raisonné sur de pareils sujets ? que je suis très-ignorant. O profondeur des mystères de la nature ! nul œil humain ne peut te mesurer ! quel homme osera déterminer ce que je viens d'examiner ? quel audacieux insensé osera dire : telle est mon ame, tel est son sort. Pour moi, je m'abandonne entièrement à la volonté divine, je sens mon insuffisance, je ne demande pas à être éclairé, j'en sais assez pour avoir une confiance entière ; c'est assez pour mon cœur de sentir qu'il y a un Dieu ; cet être qui créa l'univers peut bien donner à mon ame, après la mort de mon corps, une existence que je ne puis soupçonner ni imaginer. Je lui dis du plus profond de mon cœur : Être suprême ! ce que vous avez créé est mille fois plus parfait que notre foible esprit ne peut le concevoir ; ce que vous ferez, sera encore parfait, ce sera toujours l'ouvrage d'un Dieu.

L'AME EST-ELLE IMMORTELLE?

Que sais-je ? est-ce à moi à juger la volonté divine, quand elle est impénétrable? Je n'ai aucune preuve physique (1) de l'immortalité de mon ame ; mais dans tout ce qui m'entoure, une foule de preuves morales m'assurent

(1) Ceux qui ont apporté l'infinité de nos desirs pour preuve de l'immortalité de l'ame, n'ont prouvé autre chose, si ce n'est que nos desirs sont infinis; ceux qui ont voulu prouver l'immortalité par le desir immense que nous avons d'étendre notre existence au-delà des siècles, n'ont rien prouvé non plus, sinon que nous avons ce desir immense. La seule preuve que nous ayons de l'immortalité de notre ame est absolument morale, elle réside dans l'idée de justice que nous attribuons à Dieu, et cette preuve est si forte pour moi, que je suis aussi sûr que mon ame survivra à mon corps, que si une révélation expresse me l'avoit appris. Cette espérance me fait aimer la vertu et supporter l'injustice, elle me fait regarder, comme le plus grand bienfait, la vie qui, sans éclat, seroit pour moi le plus affreux des supplices.

qu'elle survivra à mon corps. Dieu est tout-puissant, je puis tout croire possible ; il est souverainement juste ; je ne puis, sans une impiété horrible, croire qu'il ne récompense pas dans une autre vie, la vertu malheureuse dans celle-ci.

L'homme juste est malheureux, le scélérat triomphant, et l'ame est mortelle. *Si l'ame étoit mortelle, l'enfer seroit dans ce monde, et le néant au-delà. Si le juste malheureux est anéanti, ce monde est l'ouvrage du mauvais principe, la providence est une chimère, et Dieu est le plus affreux des tyrans.* (Philosophie de la nature.)

« L'ame est-elle immortelle par sa nature, se demande l'illustre Rousseau? je l'ignore ; mon entendement borné ne conçoit rien sans bornes ; tout ce qu'on appelle infini m'échappe. Que puis-je nier, affirmer ? quel raisonnement puis-je faire sur ce je ne puis concevoir ? *Je crois que l'ame survit assez au corps pour le maintien de l'ordre ;*

qui sait si c'est assez pour durer toujours ». (Emile, tome III.)

N'affirmons donc pas, comme les insensés qui expliquent toujours ce qu'ils ne peuvent comprendre, que l'ame est mortelle ; mais si nous ne pouvons dire avec certitude, elle est immortelle, quel mal y a-t-il à le croire ? soyons confians et espérons toujours le bien. Que me serviroit de détruire par de vains sophismes une si douce espérance ? Eh ! si la mort doit nous anéantir, que nous importe de le savoir ? Laissez-moi couler mes jours dans la sécurité, loin de ces pressentimens affreux qui empoisonnent la vie sans assurer le danger que l'on redoute : j'aime encore mieux être heureux par des illusions, que malheureux par l'incertitude.

DES RÉCOMPENSES ET DES PEINES D'UNE AUTRE VIE.

DIEU est juste, et l'ame survit au corps ; il est juste, et c'est à son tribunal qu'il attend le méchant.

Pour me convaincre que Dieu me récompensera ou me punira selon mes œuvres, je n'ai besoin que de remarquer la joie que me donne la vertu et les remords que me laisse le crime. Pour me convaincre du contraire, prouvez-moi que cette joie n'est qu'une illusion, ces remords des chimères; prouvez qu'il est égal pour moi de tendre la main à l'infortuné, ou de lui plonger un poignard dans le sein. Si mon cœur déteste le crime, pourquoi ne me rendroit-il pas coupable? Et s'il rend coupable, Dieu qui est souverainement juste, pourroit-il se dispenser de le punir? Quoi! je verrois l'affreux Caligula jouir du prix qu'Aristide mérita par ses vertus! L'anéantissement seroit moins terrible que cette choquante dissonnance.

— Mais l'amour de la vertu et les remords du crime ne nous sont peut-être donnés que pour maintenir l'ordre dans ce monde et nous empêcher de nous déchirer comme les bêtes féroces? —

Vil sophiste ! Si Dieu ne t'eût fait bon que pour être heureux sur la terre, t'eût-il donné le pouvoir d'être méchant ? Il t'a fait bon pour faire le bien, et t'a rendu capable de méchanceté pour mériter d'être vertueux.

C'est en vain qu'on veut s'abuser par des sophismes ; quand on rentre en soi-même, toutes les illusions s'évanouissent, et il ne nous reste que la conscience qui ne nous flatte jamais ; elle nous fait aimer tout ce qui est bien, et haïr tout ce qui est mal ; souvent les préjugés contrefont sa voix, mais jamais ils ne l'étouffent. Si cet amour du bien et cette haine du mal est en nous, il seroit bien étonnant que celui qui les y a mis fût indifférent sur leur résultat ; il seroit bien étonnant qu'après nous avoir donné un si noble enthousiasme pour la vertu, il traitât le scélérat comme l'homme vertueux : non, il est impossible de croire une aussi grande absurdité. L'être qui a établi un ordre si admirable depuis l'univers entier jusqu'aux plus imperceptibles animalcules, ne peut avoir été inconséquent sur le reste. Aux yeux de tout homme sage, la vie n'est qu'une épreuve, une lice où l'homme combat pour le prix de la vertu. On ne peut raisonnablement avoir une autre croyance, quand on s'apperçoit qu'on a la liberté de faire le bien ou le mal, et qu'on est forcé d'estimer la vertu.

Au reste, de quelque manière que l'on raisonne, il n'y a absolument que ces deux hypothèses : l'ame meurt avec le corps, ou lui survit; si elle est anéantie, que m'importe d'être juste? Ma main ne doit point balancer à commettre un crime qui doit me donner quelque satisfaction. Je puis, comme Néron, incendier Rome ou plonger ma main dans le sein de ma mère; pourvu que j'échappe à la justice humaine, je n'ai plus rien à craindre; les remords n'ont point de prise sur moi, la vengeance divine n'est qu'un songe qui s'évanouira avec la vie. Mais où m'assurrai-je que l'ame est mortelle (1) ? Quel désespoir affreux, si, après avoir vécu en scélérat, je paroissois devant le souverain juge ! Il n'y a point de milieu, si l'ame est immortelle, elle sera punie ou récompensée selon ses œuvres : toute autre croyance ne peut s'accorder avec la justice du souverain Être. L'homme aime mieux croire à l'immortalité qu'à l'anéantissement : qu'il soit donc juste afin d'être trouvé en grace au jour du jugement : d'ailleurs, qu'il doute ou qu'il croie, qu'il s'efforce toujours de mériter la récompense ; si son ame meurt, il n'aura rien perdu ; si elle survit aux siècles, il aura gagné le prix.

---

(1) On ne sait ce qui se passe dans l'autre monde, dit l'impie ; et nul ne revient pour nous en dire des nouvelles : est-ce donc là être sûr que tout meurt, et qu'il n'y a point d'avenir ? (*Massillon*).

CHAPITRE

CHAPITRE III.

DE LA RELIGION.

Le premier bien de l'homme est la vie, son premier devoir est la reconnoissance envers l'auteur de ce bienfait.

Si les hommes ne peuvent arracher de leur cœur le sentiment de la divinité, il est bien étonnant qu'il puisse s'en trouver qui aient la criminelle audace de jetter un ridicule sur les sentimens religieux, ces sentimens qui font de l'homme un être si noble. Le philosophe qui combat le monstre du fanatisme en le rendant ridicule, rend un grand service à l'humanité; il ramène l'homme à la raison et à la divinité; mais celui qui affecte de mépriser ce qu'il y a de plus sacré pour les hommes, est un être odieux né pour le malheur du genre humain. Quel sujet donne donc tant de jactance à cet être foible? Que diroit-il si une fourmi s'avisoit d'insulter l'homme? Ne rieroit-il pas de l'orgueil pitoyable de cet insecte? Insensé! qu'es-tu auprès de la divinité? Qu'est-ce que l'univers même auprès de cette divinité qui le gouverne? Et qu'est-ce que la terre en comparaison de cet univers? Qu'es-tu toi-même sur cette terre? Si tu es perdu dans cette immensité incompréhensible, il te convient bien de trouver ridicule celui qui a mis sa confiance dans l'Être qui est au-dessus de tout, et dont la seule volonté crée, anime et meut les mondes!

J'ai vu des gens blâmer Rousseau d'être religieux; c'est comme s'ils l'eussent blâmé d'être un grand homme, d'être même un homme. Ces gens-là ne savent-ils donc pas que la religion est aussi nécessaire à l'homme, que Dieu l'est à l'univers? elle le met dans la tranquillité, et lui donne des sentimens élevés, sublimes. L'homme religieux est l'être le plus noble de l'univers; il tient le second rang après le Dieu qu'il aime et qu'il adore.

Quand on voit Newton se découvrir la tête avec respect au seul nom de la divinité, que peut-on penser de celui qui trouve étrange que l'homme rende hommage de sa vie à son créateur? On ne peut le regarder que comme un être inconséquent, un insensé; car l'homme sage a toujours des sentimens de religion; il a trop médité sur la nature et sur les bienfaits de Dieu pour n'être pas religieux: quand il n'auroit pas remarqué qu'il jouit de l'existence, il l'eût encore été.

Entre le fanatique qui, dans sa piété furieuse, incendie la terre, et le monstre qui renverse l'édifice des mœurs et des consolations humaines, le choix ne peut être incertain. Malheur à celui qui n'a pas plus d'horreur des crimes et des vices que de la mort! car c'est l'homme le plus lâche.

Quelle distance énorme ne se trouve-t-il pas entre l'insensé qui n'adore point l'être qui lui a donné le souffle de la vie, et l'insensé qui croit rendre hommage au maître de l'univers par de fréquentes génuflexions et ses pieuses grimaces! Comment la nature peut-elle produire deux êtres aussi différens? Comment l'un peut-il oublier Dieu, lorsqu'il voit l'univers? Comment l'autre peut-il s'imaginer qu'une posture, un habit, peut être de quelque mérite devant l'Être suprême? Le premier ne veut pas que l'on prie, comme si l'homme ne sentoit pas en lui, de tems en tems, le besoin de prier; le second veut que l'on prie toujours, comme si la nature nous le permettoit. Si Dieu eût voulu que l'homme ne songeât point à lui, il ne lui eût point donné de sentimens d'adoration et de confiance en lui; s'il eût voulu qu'il priât sans cesse, il lui en eût donné la force. Dieu ne nous recommande que ce qu'il nous fait aimer, il nexige que ce qu'il nous permet de faire.

— Mais Dieu songe-t-il tant à nous pour le prier ? — Homme petit et vain ! oses-tu donner la petitesse de ton esprit à la divinité? Crois-tu que l'Être qui a créé le ciron ne puisse sans effort appercevoir tes actions ? — Mais changera-t-il le cours de la nature à ma voix ? — Que t'importe ce qu'il fera ? Crains-tu de faire trop envers celui de qui tu tiens tout ? Sois reconnoissant, et ne ferme point ton cœur aux sentimens de religion qui veulent s'en emparer. Lorsque tu ignores ce que Dieu veut, pourquoi n'agis-tu pas selon l'impulsion qui te paroît la meilleure ? Si tu sais que les sentimens religieux ne peuvent, en aucun cas, être mauvais, pourquoi vis-tu dans l'indifférence qui peut être un crime ? Que sais-tu ce que la divinité te demandera un jour ? Pourras-tu nier qu'elle eut mis en loi la religion ?

DU CULTE.

Les cultes influent plus qu'on ne croit sur les mœurs des Peuples. Un culte superstitieux, plein de minuties, étouffe dans le cœur de l'homme le germe de l'élévation, et en fait un être craintif et stupide. Un culte noble qui rappelle de grandes idées, donne de l'énergie à l'ame et prépare l'homme aux plus sublimes vertus. Les Romains crurent que les dieux leur avoient promis l'empire de l'univers, et l'univers fut soumis à leurs loix; les chrétiens eurent une confiance aveugle en leurs prêtres, et ils en furent les esclaves.

Le peuple qui a secoué le joug imbécille de la superstition, et qui se rit des saintes et ridicules déclamations de ces prêtres intéressés à le voir toujours stupide, peut et doit changer son culte. Mais qu'il jette avant les yeux sur les fautes des nations, qu'il reconnoisse les routes par où elles se sont égarées, et qu'il les évite.

Quelque sage que soit le législateur, il est toujours à craindre qu'en établissant un culte, il ne pose les fondemens du trône de la tyrannie sacerdotale. Par-tout où il s'est trouvé des hommes qui croyoient en Dieu (c'est-à-dire par-tout l'univers), il s'est toujours trouvé d'habiles fourbes qui, profitant de la crédulité humaine, se sont attiré de la considération et des richesses en se constituant ministres de la divinité; comme si la divinité avoit besoin de ministres auprès des hommes; comme si les hommes avoient besoin qu'on présentât leurs prières devant son trône, et que la pureté de leurs cœurs ne fût pas leur seul introducteur! Les ministres des autels présentent à Dieu les vœux du peuple, disent les prêtres eux-mêmes. Que signifie cette phrase ? Si Dieu voit dans tous les cœurs, est-il nécessaire qu'un homme, qui n'y voit pas, lui dise ce qui s'y passe ? N'est-ce pas là regarder Dieu comme les rois de la terre, qui ne connoissent les besoins du peuple que par le moyen de ceux qu'ils ont établis auprès de lui ? Les prêtres prient pour les hommes, dit-on encore. Cette idée détruit la justice de Dieu. Chaque homme ne peut prier que pour lui-même, parce que les actions d'autrui ne lui sont d'aucun mérite. Croire le contraire, c'est croire que Dieu, comme les juges d'ici-bas, se laisse corrompre, et cesse d'être juste parce qu'on l'en prie. « Ceux-là sont impurs » envers les Dieux, dit Platon, qui » nient leur existence, ou qui l'ac- » cordent, mais soutiennent qu'ils ne » se mêlent pas des choses d'ici-bas ; » ou enfin *qui pensent qu'on les appaise* » *aisément par des sacrifices* : trois opi- » nions également pernicieuses ». Je ne m'arrête qu'à la dernière, qui se rapporte à notre sujet. Si les prières d'autrui nous étoient de quelque mérite, nous pourrions donc nous passer de prier, pourvu que nous payassions bien les prêtres qui prieroient pour nous ? C'est ainsi que pensoient les premiers rois de France : ces barbares, après avoir commis toutes sortes de crimes, donnoient de l'argent aux églises, faisoient prier tous les moines de leur royaume, et ne doutoient plus de leur salut (1). Enfin je

---

(1) Clotaire I, après avoir fait brûler vif son fils, sa bru et ses petits-enfans, se fit pieusement enterrer auprès de Saint-Médard. « Il avoit tant révéré la vertu de ce Saint, dit Mézerai, qu'il avoit été le visiter au lit de la mort et avoit porté son corps au tombeau sur ses épaules; car les hommes, ajoute le même auteur, se flattent souvent de cette imagination, que Dieu leur imputera la sainteté d'autrui, s'ils la révèrent par quelqu'acte extérieur, et s'ils recherchent les gens de bien auxquels pourtant ils ne veulent ressembler que par des grimaces ». (*Abrégé chron. de l'hist. de France, tome I.*)

demanderai toujours, quel mérite croit-on avoir de payer un homme pour qu'il prie pour nous? et qu'est-ce qu'une prière payée? Un prêtre s'acquitte de son devoir, comme un portefaix du sien; tous deux font leur métier parce qu'il les fait vivre. Je suis fâché de le dire, mais celui du prêtre est le plus vil de tous: c'est un métier d'hypocrite, il n'est appuyé que sur les craintes qu'il a fait naître et qu'il nourrit.

Si jamais nous sommes assez sages pour sentir que nos actions seules font nos mérites, et que nous pouvons offrir nous-mêmes nos vœux et nos prières, gardons-nous bien, dans le culte simple que nous établirons, de donner le moindre lien à la naissance de ses charges qui mettent un homme entre l'homme et la Divinité: car l'hypocrisie ambitieuse est toujours là pour profiter des foiblesses et des craintes humaines. Je ne puis m'empêcher de transcrire ici d'excellentes réflexions à ce sujet: elles sont du citoyen de S.-Pierre, qui aime Dieu comme l'aimoit Fénélon ; et qui auroit bien dû nous en parler toujours avec la philosophie de Rousseau. Ces réflexions démontrent comment une fable allégorique est devenue une opinion religieuse par le moyen des fourbes qui en firent leur profit. « Ce fut » souvent pour dissiper l'erreur, dit » notre auteur, que la fable fut imaginée ; cependant quelque innocente » qu'elle soit dans son principe, elle » devient dangereuse lorsqu'elle prend » le caractère principal de l'erreur, » c'est-à-dire, lorsqu'elle tourne au » profit de quelques hommes. Par » exemple, il importoit peu qu'on eût » fait jadis de la lune, sous le nom de » Diane, une déesse toujours vierge, » qui présidoit à la chasse. Cette allé- » gorie signifioit que la lumière de la » lune étoit favorable aux chasseurs » pour tendre des pièges aux bêtes » fauves, et que l'exercice de la chasse » détruisoit la passion de l'amour. Il

» n'y eut pas grand mal quand on lui
» dédia le pin dans les forêts ; cet ar-
» bre devint un rendez-vous de chasse.
» Il n'y eut pas encore un grand mal
» quand un chasseur, pour s'attirer la
» protection de Diane, y suspendit
» la tête d'un loup. Mais quand il y mit
» la bête toute entière, il se trouva
» des gens qui songèrent à en profiter ;
» ils bâtirent à la Déesse une chapelle
» où l'on offroit, non-seulement la
» peau d'un loup, mais des moutons,
» afin de préserver des loups le reste
» du troupeau. Les offrandes s'y mul-
» tiplièrent à l'occasion de la hure de
» quelque monstrueux sanglier qui
» avoit bouleversé les vignes, et qui
» avoit mis à ses trousses tous les
» chiens et toute la jeunesse du voisi-
» nage. Les chasseurs y attirèrent les
» pélerins, les marchands. Il se forma
» bientôt un bourg autour de la cha-
» pelle, qui, parmi tant de gens cré-
» dules, ne tarda pas d'avoir ses ora-
» cles. Comme on y prédisoit des vic-
» toires

» toires, les rois y envoyèrent des » présens ; alors la chapelle devint un » temple, et le bourg une ville qui » eut des pontifs, des magistrats, des » territoires. Bientôt on leva des im- » pôts sur les peuples pour lui bâtir » des temples magnifiques comme ce- » lui d'Ephèse ; et comme la crainte a » encore plus de pouvoir sur l'esprit » humain que la confiance, pour ren- » dre le culte de Diane redoutable, on » lui sacrifia des hommes dans la Tau- » ride. Ainsi concourut au malheur » des peuples une allégorie imaginée » pour leur bonheur, parce qu'elle » tourna au profit d'une ville ou d'un » temple ».

Ces réflexions sont applicables à mille circonstances. Examinez l'histoire de la naissance, des progrès et de la décadence de toutes les religions, et vous vous convaincrez aisément que les prêtres ne les instituèrent, ne les soutinrent et ne les abandonnèrent que pour leur propre intérêt. Sans aller fouiller dans l'antiquité, n'en avons-nous pas sous les yeux un exemple bien frappant? Dès qu'on a parlé de diminuer les revenus du clergé de France, il a crié à l'anathême; la moitié a fui, parce qu'elle n'a pu faire autrement, aujourd'hui elle nous attire tous les maux imaginables, parce que nous l'avons blessée dans ses intérêts; l'autre moitié qui est restée, peu contente de la modicité de ses appointemens, abandonne peu à peu son masque et son métier, et se rejette dans les autres classes de citoyens. Au reste, quand il y auroit encore quelques sots convaincus des sottises qu'ils enseignent, ce ne seroit point une raison pour les croire; ils ne méritent que notre pitié.

Qu'on me pardonne cette sortie contre les prêtres, elle est peu dans mon caractère; mais quand je me représente les crimes qu'ils ont commis, les malheurs qu'ils ont attirés sur toutes les nations, mon sang bouillonne, et je crains tant qu'ils ne fassent de nouveaux ravages dans ma Patrie, que je ne crois jamais qu'on les en puisse trop éloigner. Qu'on se garde cependant bien de les persécuter tant qu'il y en aura ! Il y a parmi eux un grand nombre d'honnêtes gens, de bons citoyens, et d'ailleurs ils sont utiles tant qu'il y a des gens qui ont foi en eux. Souvent ils portent la consolation dans ces esprits foibles, attachés à une religion peu éclairée, mais pleine de douceur. Combien de fois ne vont-ils pas trouver le pauvre souffrant sur son grabat et abandonné de tout le monde ? Qu'ils lui débitent des erreurs ou des vérités, il importe peu ; ils l'aident à soutenir sans horreur le moment terrible de la mort, et c'est le plus grand bienfait qu'on puisse recevoir (1). C'est alors

---

(1) Ce n'est un bienfait que dans cette circonstance ; dans mille autres, c'est une barbarie. Le prêtre par sa simple apparition, est un funeste augure : dès-lors le poison de la crainte ronge le cœur du malade jusqu'au dernier mo-

qu'ils sont des êtres respectables et vraiment dignes de l'idée que la crédulité a d'eux. Ah ! s'ils se fussent toujours tenus dans ces nobles fonctions; si l'on n'eût jamais vu leur ambition, leur méchanceté paroître à côté de leur humilité et de leurs bienfaits, je l'avoue sincèrement, quelque convaincu que je fusse intérieurement de la fausseté de ce qu'ils enseignent, je croirois, pour le bonheur du genre humain, devoir soutenir de toutes mes forces leur doctrine, pour qu'ils perpétuent leurs bienfaits. Mais ils hâtent sa destruction, ils n'ont jamais jetté dans l'esprit de l'homme une erreur consolante qu'ils ne l'en aient bientôt fait repentir. Ce n'est pas tant parce que nous offenserions Dieu par nos erreurs (Dieu est trop bon pour nous punir de notre ignorance), qu'il faut s'attacher à conserver les principes de la nature dans

---

ment. Ne vaudroit-il pas mieux le laisser mourir tranquillement sans qu'il s'en doutât ?

toute leur pureté, que parce que leur corruption fait le malheur des peuples en les asservissant aux fanatiques imbécilles et aux fourbes pleins de méchanceté.

L'homme sage n'a d'autre rite que les mouvemens de son cœur, et d'autre culte qu'un sentiment profond d'adoration. Il sait que Dieu n'attend pas nos prières pour abaisser sur nous un regard paternel; mais il cède avec plaisir à la douce invitation de son cœur. Comme il veut voir la religion dans sa grandeur et la sentir dans ses délices, il ne s'assujettit point à ces loix superstitieuses, qui la dégradent et la rendent insupportable; il brise toutes les entraves barbares des préjugés qui nous éloignent de Dieu en paroissant nous y attacher. Qu'ont fait tous ces cultes? ils ont transformé l'homme en une machine habituée à prier, sans jamais rien sentir; ils en ont fait un impie en révoltant sa raison, ou un fourbe qui sut habilement profiter de l'aveuglement général. Oh ! ne saurons-nous jamais nous en tenir à nos cœurs et à notre raison !

Le sage prie pour reconnoître la grandeur de Dieu, et pour se rappeller sans cesse ses bienfaits ; il prie, non comme l'homme superstitieux en prononçant beaucoup de mots ; souvent sa prière n'est qu'un regard vers le ciel, un doux ravissement en admirant la nature, une palpitation de cœur en faisant le bien ; il chante les louanges de l'Être suprême en chantant les beautés de la nature, il le remercie de ses bienfaits en en jouissant avec joie. Il ne se fixe point une heure pour prier ; chaque fois que ses mains sont prêtes à s'élever vers le ciel, il les y élève. Pourquoi prier lorsqu'on ne sent plus? veut-on tromper Dieu lui-même ? veut-on s'inspirer du dégoût pour l'acte le plus noble et le plus sacré ? Pourquoi ces prières prescrites et faites pour mille personnes différentes ? est-ce pour refroidir ce feu divin qui brûle en moi? mon cœur m'en dictera une dans chaque circonstance; et quand je ne dirai rien, en aurai-je moins prié? L'homme sage remercie Dieu, sur-tout, de l'avoir fait capable de vertu, mais il n'attend pas qu'il le rende vertueux. Sa religion enfin ne consiste qu'à reconnoître un Dieu tout-puissant en qui il se confie, bon en qui il espère, juste qui le jugera selon ses œuvres, et il l'adore en voyant la nature qui est son ouvrage. Il ne croit l'offenser qu'en niant son existence, sa puissance, sa bonté ou sa justice, parce qu'il en a des preuves irrécusables; il ne croit l'offenser qu'en faisant le mal à son prochain, parce qu'il lui a inspiré de la répugnance à être méchant; il croit aussi l'offenser en ne faisant pas le bien, parce qu'il est né enclin à la bienfaisance.

Voilà la religion du sage, c'est celle de la nature. Ses préceptes sacrés sont si nécessaires à l'homme, qu'ils se retrouvent dans toutes ces religions que l'imposture impie ou l'ignorante superstition ont fait naître.

Quelles idées consolantes naissent de ces considérations! que les préjugés des ignorans, les préceptes des hypocrites sont vains auprès des vérités éternelles de la nature! Dieu de la nature, reçois l'hommage de l'être que tu as créé! je m'efforcerai d'être vertueux, parce que tu m'inspires l'amour de la vertu; mon cœur s'élevera vers toi avec confiance, parce que tu as mis dans cette confiance une douceur infinie, ma foiblesse se reposera sur ta force; c'est toi qui m'as créé, c'est toi qui veilleras sur moi, c'est toi qui me rendras heureux. Tu m'as tiré du néant, il t'est aussi facile de me jetter dans le sein de l'éternité. Dieu de bonté, je ne puis qu'être heureux! Dieu tout-puissant! qu'ai-je à craindre sous ta protection?

Je dis que le philosophe n'a d'autre culte que le mouvement de son cœur;

quant au peuple, c'est une autre chose. Il faut un culte au peuple, non parce que ce culte honore Dieu, mais parce qu'il est nécessaire en saine politique; qu'il lie davantage les hommes les uns aux autres. Quand tous les hommes auroient assez de raison pour être convaincus que l'hommage que l'on rend à Dieu ne peut venir que du cœur, des bonnes actions, et non de vaines cérémonies, je les engagerois encore à se réunir pour adorer l'Être éternel. Cette réunion entretient la fraternité, inspire une confiance mutuelle aux hommes, en leur rappellant qu'ils ont été créés par la même divinité; elle agrandit l'ame, elle épure les mœurs. Je serai toujours porté à aimer l'homme qui adorera avec moi, dans la simplicité de son cœur, l'Être suprême, parce que sa religion me donnera toujours une idée favorable de lui

Puisqu'un culte public unit davantage les hommes, qu'on en établisse un, majestueux comme la nature, et simple comme sa beauté; qu'il ne révolte jamais la raison du philosophe; qu'il fasse naître la consolation dans le cœur sensible, et ne donne jamais à l'impie le moyen de tromper les hommes.

Je tâcherai de tracer ici quelques plans, non pour qu'ils soient suivis, mais pour engager quelque génie plus éclairé que le mien à en tracer un plus digne de l'homme et de la vérité.

PROJET DE CULTE.

Je distinguerai deux sortes de cultes : le culte général et le culte particulier. Par le premier, j'entends les fêtes et toutes les cérémonies convenues entre les citoyens, pour rendre un hommage public à l'Être suprême; par le second, j'entends ces hommages particuliers qu'un citoyen, ami des mœurs, rend chaque jour avec sa famille dans l'intérieur de sa maison.

La religion en rappellant à l'homme la grandeur, la bonté, la justice de l'Être suprême, doit aussi lui rappeller qu'il doit être bon, juste et digne du rang qu'il tient dans l'univers. Puisqu'il faut des cérémonies qui parlent aux yeux des hommes, que chaque cérémonie inspire une vertu, et que la religion entière rappelle tous les bienfaits de Dieu. Bannissons, sur-tout, ces puérilités superstitieuses qui retrécissent l'esprit, et le glacent d'une vaine crainte. La grandeur et la joie doivent être les principaux caractères de la religion d'un peuple éclairé : l'idée de la divinité élève l'ame et inspire la confiance.

Des Temples. Je ne voudrois pas, s'il étoit possible, qu'il y eût de temples : Dieu n'est jamais mieux adoré que dans le temple de la nature même. Ces voûtes sombres qui empêchent de voir le ciel, sont comme une barrière qui retient la superstition sur la terre ; l'ignorant s'attache à son prie-dieu, s'agenouille devant les statues; s'il avoit l'univers sous les yeux, peut-être n'en adoreroit-il que l'auteur. Les temples supposent toujours des prêtres pour les desservir; et c'est dans leur enceinte qu'ils prennent l'autorité de la Divinité même.

Jamais la religion ne fait sur moi plus d'impression que lorsqu'elle se présente parée des beautés de la nature; jamais je ne me sens plus digne d'adorer l'Eternel, que lorsque j'ai sous les yeux son ouvrage. Le chêne qui me couvre, élève mon esprit vers le ciel avec sa cime majestueuse; les fleurs, la verdure me rappellent la vaste magnificence du Créateur, et les fruits de chaque saison ses éternels bienfaits. Quelle ame froide ne seroit émue à la vue de la nature! Que l'homme se sent élevé au-dessus de lui-même, en chantant les louanges de la Divinité à la face du ciel même!

Les premiers habitans de la terre ne l'adoroient

l'adoroient que sur les montagnes et sur les rives des fleuves, et, malgré leur ignorance, ils avoient encore une grande idée de l'Être suprême. Quand nous nous sommes renfermés dans des temples, nos idées se sont retrécies, Dieu ne nous a bientôt plus paru que comme un homme, et nous ne l'avons plus vu au-delà des portes des édifices que nous lui avions élevés.

Rapprochons-nous de la nature, notre raison y gagnera, et nos ames en auront plus d'énergie. N'ayons d'autres temples que ceux que forme le feuillage épais des arbres, et d'autres décorations que les fleurs des champs.

Je voudrois que chaque Commune eût dans son arrondissement un lieu champêtre, riant et soigneusement entretenu, où les citoyens viendroient rendre leur hommage à la Divinité. Cette enceinte seroit sacrée; et pour accoutumer le peuple à la respecter, on ne pourroit y entrer que les jours consacrés à l'adoration de l'Eternel.

On ne verroit sur l'autel, paré de fleurs, d'autre offrande que le *livre des loix*. Le peuple le présenteroit à l'Être suprême, comme ce qui est de plus respectable sur la terre. Ce sont les loix qui maintiennent l'harmonie parmi les hommes; elles sont le plus grand bienfait après les bienfaits de Dieu. Mettez-les sous la garde du père de la nature, elles sont sa volonté.

Quel spectacle majestueux présenteroit un peuple rassemblé, au lever de l'aurore, dans un lieu agreste, pour adresser ses vœux à l'auteur de la vie! Il me semble entendre la voix d'un vieillard s'élever du milieu de la foule et dire :

« L'aurore au teint vermeil, pa-
» roît : hommes, venez rendre hom-
» mage à celui qui chaque jour l'en-
» voie pour annoncer le retour de la
» lumière; l'aurore paroît, venez re-
» mercier l'auteur de ce bienfait.

» Entendez-vous les oiseaux qui,
» par leur ramage, commencent à

» chasser le silence de la plaine des » airs ? ils saluent le Créateur. Hommes, imitez leur joie, que vos chants » saluent l'astre du jour, et celui qui » le conduit éternellement ».

Je crois voir à ces mots une douce joie briller sur tous les visages. Des chants sacrés remplissent les airs, l'encens s'élève en nuage épais vers le ciel, et mêle ses parfums aux parfums des fleurs. Réjouissez-vous, mortels, l'Être suprême veille sur vous; réjouissez-vous, votre joie annonce votre confiance dans le Dieu tout-puissant.

Si l'on veut encore des temples, qu'ils ne servent que dans les temps qu'il est impossible de sortir; qu'ils soient simples, bien éclairés, et que tout ce qui rappelle l'antique superstition en soit banni. Que les tableaux qui en décoreront les murailles ne représentent que les actions des hommes utiles à la Patrie. Qu'on y voie, au premier rang, les portraits du brave citoyen qui s'est dévoué à la mort pour le salut de ses frères, de celui qui a présenté au peuple des loix salutaires ; et de celui qui s'est conduit avec justice et humanité dans les postes où on l'a placé ; qu'on y voie aussi représentée l'action de l'homme intrépide qui arrache d'un danger imminent son semblable, le rend à la vie et à la société : offrez de même aux regards celui qui a éclairé le genre humain, ou qui lui a procuré une nouvelle aisance par une invention nouvelle : placez-y enfin tous les bienfaiteurs de l'humanité. Ce sont ceux-là qui sont agréables à Dieu, parce qu'ils ont écouté le sentiment le plus précieux de la nature, qui nous porte à aimer nos frères (1) ; leur mémoire est encore

---

(1) Un peuple éclairé et ami de la société, ne doit plus souffrir qu'on honore sous ses yeux la mémoire de ces misanthropes qui ne prêchèrent que la dissolution de la société en prêchant la solitude ; qui invitèrent à la destructio du genre humain, en invitant au célibat. Ces

utile aux hommes, elle les invite à la vertu. Quand nos temples seront ainsi ornés, le père de famille amenera son fils dans leur enceinte, et en lui montrant ces véritables images, il lui dira : mon fils, ils furent hommes : puisse-tu mourir sur le champ, si tu ne te sens pas digne de l'être comme ils le furent. Quelle leçon ! Malheur à l'ame vile qui ne se sentira point élevée à un semblable spectacle ! il vaudroit mieux pour le bien de la société qu'on eût jetté l'homme qui la possède dans l'abîme où l'on jettoit à Sparte les enfans mal constitués : un homme dégradé est encore plus funeste qu'un homme malade n'est à charge.

Ornez ainsi vos temples ; que tout inspire la grandeur, et je promets

---

hommes furent les plus grands ennemis de l'humanité ; leur vie fut la honte de la raison, et une offense faite à Dieu.

des hommes à la république. Et toi, magistrat, veille sans cesse à ce que la superstition ne les avilisse plus.

Des cérémonies. Qu'elles soient simples et rappellent de grandes idées, qu'elles remettent sous nos yeux les bienfaits de la Divinité ou les actions des grands hommes.

Au magistrat seul appartient le droit de régler les fêtes publiques : la religion et les loix s'allient naturellement; c'est à celui qui fait exécuter les unes à diriger l'autre (1). Je recommande d'autant plus ce point chez nous, que nos magistrats étant souvent changés, cette succession rapide détruira entièrement l'idée de prêtres, et ne permettra pas à un homme de profiter de notre nature foible et crédule, pour

(1) Ceci ne pourra être reconnu comme principe politique que lorsque la majorité des citoyens se sera accordée à ne croire à d'autres religions qu'à la religion naturelle ; et ce temps est plus près qu'on ne le pense.

s'emparer d'une autorité qui lui donneroit sur la terre des droits qui n'appartiennent qu'au roi des cieux.

Sur-tout, veillez à ce que les cérémonies les plus simples, les plus innocentes ne dégénèrent point en superstitions. Soutenez l'homme, c'est un enfant qui se laisse tomber dans tous les précipices. Pardon, lecteur, si je répète si souvent le même conseil; je ne l'aurai jamais assez répété. Le pas qui conduit de la raison à la superstition est glissant. Quelques sages que nous soyons, quelques secours que nous offre l'art admirable de l'imprimerie pour répandre les lumières de la raison, les hommes s'égareront encore, et tomberont dans de nouvelles erreurs; le bon sens est trop simple pour qu'il puisse plaire seul. Retardons au moins, puisque nous le pouvons, ce temps où les ténèbres couvriront de nouveau nos contrées.

Des fêtes publiques. Il faut des fêtes à l'homme, parce qu'il a besoin de se récréer. L'artisan qui a travaillé plusieurs jours de suite, aime à en consacrer un au plaisir. Il est satisfait de voir tous ses concitoyens se réjouir le même jour qu'il se réjouit ; son repos est plus gai. Les fêtes ne sont donc pas seulement d'institution religieuse, mais aussi d'institution politique. Qu'on ne les multiplie pas trop cependant, cette multiplication auroit deux grands inconvéniens ; celui, en accroissant les jours de repos, de diminuer la somme des travaux utiles à la société ; et celui, en accoutumant trop les hommes à voir des fêtes, d'empêcher qu'elles ne produisent sur eux l'effet qu'elles doivent produire.

Comme la morale humaine ne repose absolument que sur la religion, et que les loix ne sont précisément que les règles prescrites par cette morale, dans tout bon gouvernement, la religion doit rappeller ces deux objets : *Dieu* et *la Patrie* ; Dieu, comme l'auteur de tout ; la Patrie, comme la société à laquelle on se doit tout entier. Toute fête ne doit donc, en conséquence, que m'inspirer un plus grand amour pour Dieu et pour les hommes, ou son but est manqué.

Je distinguerai quatre sortes de fêtes. Celles qui, revenant à certains jours marqués, auroient pour but de rappeller à l'homme ce qu'il doit à l'Eternel: tel est le dimanche des chrétiens, et le sabbat chez les Juifs; celles qui marqueroient les différentes époques de l'année; les fêtes de la Patrie, et celles que l'on célébreroit en mémoire d'un vertueux citoyen.

Le dimanche, ou le jour de la reconnoissance (1). Ce jour revient trop sou-

(1) Si cette partie du catéchisme de la nature eut été faite après le rapport du comité d'instruction publique, ou si le temps m'eût permis de la récrire, j'aurois pu faire plusieurs réflexions intéressantes au sujet de la division des jours; j'aurois pu rendre ces projets convenables à cette nouvelle division: je les remets à un autre

vent chez les chrétiens. C'est ôter aux fêtes leur caractère sacré que de les tant multiplier : l'homme, à force de les voir revenir n'est plus frappé de leur objet, et l'action la plus noble, l'adoration de la Divinité, lui devient indifférente. Cette multiplicité de fêtes a encore un autre inconvénient; c'est de rendre les hommes superstitieux et fanatiques, sans les rendre plus religieux. Je voudrois que la fête qui, parmi nous, répondroit au dimanche, ne revînt que deux fois par mois, au commencement et au milieu : peut-être seroit-ce encore trop souvent, vu que les autres fêtes en augmenteroient beaucoup le nombre.

Ce jour seroit consacré à l'adoration de la Divinité et au repos des hommes. Le matin, à l'heure indiquée, on se rassembleroit au temple ou au bosquet sacré. Là, non pas un prêtre, mais un

---

temps, quand une paix heureuse permettra à la jeunesse républicaine de revenir dans ses foyers.

des vieillards les plus respectables de la Commune, prononceroit à voix haute, dans notre langue, une prière qui rappelleroit à l'homme les bienfaits de la Divinité, et les nobles sentimens qu'il tient d'elle. Ensuite commenceroient des chœurs d'hymnes. De petits enfans, de jeunes garçons, de jeunes filles et des vieillards chanteroient alternativement, non les vers amphigouriques d'un poète hébreu, mais les vers de nos meilleurs poètes. Ces poésies célébreroient les beautés et les richesses de la nature, les fleurs du printemps, les épis de l'été et les fruits de l'automne; elles apprendroient aux habitans de la campagne à aimer leur séjour, elles leur vanteroient les sombres forêts, les ruisseaux limpides, les fleuves majestueux (1); elles célèbre-

---

(1) Ce que je dis ici n'est pas pour embellir mon discours: faites aimer le séjour de la campagne aux villageois, et ils y seront plus attachés, ils s'y trouveront heureux. Virgile l'a

roient aussi les vertus, elles loueroient l'homme généreux qui se sacrifie pour le bien de ses semblables, et rendroient gloire au père de famille, entouré de ses nombreux enfans.

Ces chants sacrés ne séroient interrompus que pour faire place à des instructions solides. Il ne seroit pas permis à chacun indistinctement d'instruire ses concitoyens; cette permission seroit dangereuse : bientôt les enthousiastes, les esprits foibles et les fourbes vous rameneroient par leurs discours insensés à la superstition. C'est au magistrat principalement, qui tient entre ses mains les loix, à expliquer au peuple la religion sur quoi elles reposent. Quelques hommes sensés, et qui auroient dans différentes occasions prouvé leur sagesse, auroient aussi ce

remarqué il y a long-temps; mais il étoit poëte; et, sur mille lecteurs, il n'y en a peut-être pas deux qui ont senti combien il étoit philosophe et politique en cet endroit.

droit,

droit. Ces instructions seroient simples, afin qu'elles eussent plus de noblesse ; courtes, afin qu'elles fissent plus d'impression. « Mes amis, diroit l'orateur, » l'univers nous annonce un créateur, » nos cœurs nous font sentir un Dieu » bon. Ce Dieu ne nous a rien ensei- » gné, mais il a mis en nous tout ce » que nous avons besoin de savoir. Il » veut que nous soyons bons et justes. » Ce Dieu nous aime, mes amis, nous » n'en pouvons douter : la nature en- » tière nous atteste son amour. Il ne se » contente pas de vous donner les » fruits qui vous sont nécessaires, les » fleurs viennent auparavant récréer » vos yeux et votre odorat. S'il y a » des peines dans cette vie, c'est pour » que vous soyez plus sensibles au bon- » heur ; s'il vous est possible de com- » mettre le crime, c'est pour que vous » méritiez d'être vertueux ».

Ce seroit aussi en cet instant qu'on instruiroit la jeunesse. Le magistrat feroit ranger devant lui tous les enfans et les interrogeroit dans un style simple et familier, sur la religion et les loix ; c'est-là qu'ils deviendroient religieux et bons citoyens ; c'est-là qu'on leur apprendroit que la religion est le lien qui unit l'homme à la Divinité, et que les loix unissent l'homme à l'homme. Cette mesure perpétueroit la sagesse, en éloignant les idées superstitieuses et bannissant une indifférence impie ; c'est encore là qu'on leur apprendroit de bonne heure à s'aimer, en leur faisant sentir qu'ils sont frères. « Vous êtes créatures du même Dieu, leur diroit-on, vous êtes enfans de la même Patrie ». Le magistrat leur montreroit un bouquet d'épis de bled et le livre des loix qui seroient sur un autel simple, orné de fleurs fraîchement cueillies, et il ajouteroit : « Les mêmes alimens vous nourrissent, les mêmes loix vous gouvernent : mes enfans, aimez-vous les uns les autres, et quand vous serez en âge de servir la Patrie, mourez, s'il le faut, pour elle ». C'est ainsi que dès l'enfance on disposeroit l'homme à la vertu, à l'héroïsme; c'est ainsi qu'on apprendroit à la jeunesse à respecter ce qu'il y a de plus respectable: *Dieu* et la *Patrie*; c'est par ce moyen qu'on feroit disparoître ces jeunes insensés qui n'estiment que ce qui est frivole et ne méprisent que ce qu'il y a de grand; parce qu'ils ont trop de bassesse dans l'ame pour sentir ce qui est élevé, et sont trop vils pour estimer ce qui ne porte pas l'empreinte de la vérité.

Le magistrat congédieroit ensuite l'assemblée en l'engageant à ne s'abandonner qu'à des plaisirs honnêtes; les danses, les jeux innocens et publics doivent remplir le reste du jour. C'est ce jour-là que les familles doivent se réjouir dans des repas fraternels; la joie qui vient des plaisirs honnêtes est une joie pure, et c'est par cette joie même que l'homme sage honore la Divinité; il semble lui dire: tu me combles de bienfaits et j'en jouis.

C'est sur-tout dans les campagnes que ces fêtes présenteroient un spectable riant et plein de douceur. Mais quelle chose pourroit les rendre intéressantes dans nos villes où tout rappelle à l'imagination rebutée l'idée des vices et de la nature méprisée ?

Fête du printems. Les saisons renouvellent les bienfaits de la Divinité, renouvellons aussi notre reconnoissance et nos hommages à ces époques de la nature.

C'est lorsque l'année commence (1), lorsque le ciel devient pur, que la terre s'embellit, que tout reprend une nouvelle vie, c'est alors que notre joie doit aussi commencer : rassemblons-nous et chantons la gloire de celui qui ramène les fleurs et les beaux

---

(1) L'année, selon la nature, commence au premier jour du primtemps.

P. S. Je le répète, tout ceci est écrit bien avant les rapports du comité d'instruction publique.

jours; tout alors nous donne des sentimens plus vifs, une sensibilité plus exquise; la douce chaleur qui ranime la nature s'insinue dans nos cœurs, et leur donne cette agréable inquiétude qui nous fait un besoin d'épancher nos cœurs; c'est alors que l'homme se sent plus disposé à aimer Dieu et ses semblables; c'est alors que la religion est pour l'homme ce qu'il y a de plus touchant, de plus grand, et que l'amour de la Patrie est la plus belle des vertus. Mes amis, consacrons cette époque: quand le chant printanier des oiseaux résonnera dans les jeunes bosquets, quand le bouton de la fleur poindra sur sa tige nouvelle, rassemblons-nous, faisons hommage à l'Être suprême des richesses qu'il fait naître lui-même; offrons-lui la nouvelle vie qu'il nous promet; rassemblez-vous, jeunes garçons et jeunes filles, chantez des hymnes de joie; ornez vos têtes vierges de rameaux verds, de fleurs odorantes; venez devant vos pères, votre présence fait leur bonheur : dansez sur ces nouveaux gazons ; dansez, jeunes gens, c'est votre fête que vous célébrez ; votre vie est à son printems comme l'année est au sien. Et vous, petits enfans, vous qui pouvez à peine former des pas, c'est aussi votre fête : prenez des fleurs, jettez-les devant vos mères ; dites-leur : la vertu embellira nos jours, comme le soleil du printems embellit la nature.

Pardon, lecteur, si je m'égare : mais on ne dit pas froidement ce que l'on sent avec tant de vivacité. Je demande que l'on institue quatre fêtes aux quatre époques de la nature ; elles seront en même tems les fêtes des quatre saisons de l'année et des âges de l'homme. Celle du printems doit naturellement faire une plus vive impression : l'homme, généralement, ne voit pas, sans un sentiment délicieux, le premier beau jour après les frimas de l'hiver ; que sera-ce quand il fera l'hommage de ce jour à l'Être éternel, en face du ciel même? Cette fête doit être celle des enfans et des jeunes gens, non mariés, jusqu'à vingt-cinq ans; passé cet âge, on n'auroit plus le droit de porter une couronne de fleurs en ce beau jour (1). Il est un âge où l'homme non marié ne doit plus être compté, ni parmi les jeunes gens, ni parmi les hommes. Ces fêtes auroient un effet encore plus politique que religieux : cette distinction flatteroit l'amour-propre naturel et nécessaire aux jeunes gens; elle leur feroit sentir l'estime que la Patrie a pour eux, et leur inspireroit le noble desir de ne point frustrer son attente. C'est dans ces fêtes si grandes et si

(1) Dans un bon gouvernement, tout doit tendre à honorer les bonnes mœurs et à flétrir ceux qui les corrompent. Si nos loix étoient justes et sévères, un célibataire devroit être privé du droit de cité; dès qu'il méprise le premier devoir de l'homme, il ne peut plus être citoyen.

simples qu'ils prendroient du goût pour tous les plaisirs que la nature seule fournit; c'est-là qu'ils sentiroient que la joie la plus pure, est la joie publique, parce qu'elle apprend à l'homme sensible que ses semblables sont heureux.

Fêtes de l'été. Le printems est la saison des jeux et des fleurs; l'été est celle de la sagesse et de la maturité. C'est alors que l'agriculteur doit tourner ses regards vers le ciel pour qu'il répande ses bénédictions sur les moissons déjà avancées. Rassemblez-vous encore, mortels; de nouveaux bienfaits commandent une nouvelle reconnoissance. Cette fête est celle des jeunes époux; ils sont dans l'été de leurs jours. Approchez-vous, jeunes épouses, le front paré de la douceur conjugale; la Patrie a les yeux sur vous; c'est vous qui lui donnerez de nouveaux citoyens; approchez entourées de vos petits enfans, ils font votre gloire; inspirez-leur des vertus, ils feront votre félicité. Vos époux vous tiennent la main; leurs fronts gais ou sombres annoncent le bonheur ou le malheur qu'ils tiennent de vous.

Je voudrois qu'en ce jour un vieillard, ou un magistrat sensé et père de famille respectable, fit un discours simple, mais plein de sentimens touchans, sur les avantages et sur les douceurs de l'union conjugale. Cette union est ce qu'il y a de plus sacré pour les hommes, c'est la base de la société. Respectons-la, cette union, et nous ferons naître les vertus et le bonheur.

Il n'y auroit que ceux qui seroient mariés, jusqu'à l'âge de quarante ans, qui auroient le droit de porter, à cette fête, une couronne de roses entremêlées de pampres de bled, comme un symbole des doux plaisirs et d'une abondance utile.

Fêtes de l'automne. Quand les froids reviendroient chasser des plaines de l'air les zéphyrs amis de l'été; quand les champs, après avoir donné leurs fruits, se dépouilleroient aussi de leurs ornemens, et que les arbres laisseroient tomber sur la terre, qu'ils ombrageoient auparavant, leurs feuilles jaunes et desséchées, les hommes se rassembleroient encore, et remercieroient en commun le créateur suprême, des beaux jours et des fruits qu'il leur auroit donnés. Cette fête seroit celle de ceux qui auroient depuis quarante jusqu'à soixante ans. C'est alors que l'homme jouit de ses derniers beaux jours, comme la nature des siens : c'est alors que son expérience commencée dès son enfance, mûrie dans sa jeunesse, lui donne ses fruits utiles! comme les fruits qui ont fleuri au printems, ont mûri en été, et ont été recueillis en automne.

Fêtes de l'hiver. Quand les frimas rigoureux affligent la nature, l'homme a encore mille sujets de louer l'Être suprême; il jouit des riches dépouilles de l'été, et il en jouit avec une double satisfaction, en songeant que c'est un don du Créateur et la récompense de ses propres travaux. Qu'il vienne donc encore exprimer sa reconnoissance aux pieds des autels : que les vieillards viennent faire hommage à la divinité de la longue vie qu'elle leur a accordée ; qu'ils viennent chercher un cœur tranquille dans les sentimens d'une religieuse reconnoissance. La religion est le soutien de l'homme, c'est la plus douce consolation de sa vieillesse ; que tous les citoyens se rangent respectueusement devant les vieillards, c'est à eux d'entourer l'autel ; que leur présence auguste nous inspire une tendre vénération ; ce sont nos pères, ce sont ceux de la Patrie : leurs épouses, leurs plus sincères amies, les accompagnent et reçoivent aussi les respects qui leur sont bien dûs. Que leurs regards tombent avec plaisir sur nous ! nous sommes leurs enfans. Entourons-les, mes amis, formons des danses autour d'eux ;

qu'ils sourient à nos jeux, et nous bénissent dans leur joie. Les bénédictions paternelles sont toujours celles que Dieu ratifie : un bon père est un homme de bien, un bon fils l'est aussi.

Imitons les Spartiates, honorons les vieillards; ils sont respectables pour avoir vécu quand nous n'étions pas, ils le sont davantage pour nous avoir transmis la vie et des vertus; respectons-les, et nous serons respectables nous-mêmes...... O Sparte! te louera-t-on toujours pour la honte des autres nations!

Tout doit tendre, dans un gouvernement où l'on veut des hommes, à élever l'ame (1). Je desirerois que le

(1) Si c'en étoit ici le lieu, je ferois plusieurs réflexions intéressantes à ce sujet; mais elles trouveront naturellement leur place dans une feuille hebdomadaire que je me propose d'écrire quand les circonstances me le permettront. La société n'a d'autres bases que les bonnes mœurs; je leur consacre entièrement ma plume.

vieillard

vieillard le plus respectable par sa probité ou par ses grands services, adressât la parole à la jeunesse, l'engageât à honorer l'humanité par des vertus, et à servir sa Patrie au péril de ses jours même. Quelle leçon dans la bouche d'un homme que tous les jours d'une longue vie honorent! Non, quelque corrompu que l'on soit, on ne pourroit encore s'empêcher de profiter à cette école.

A peine le vieillard auroit-il achevé, que ses enfans seroient dans ses bras. Chacun courroit embrasser son vieux père. C'est dans cet instant que de douces larmes couleroient des yeux. Ce seroit là la fête des pères, celle des

---

J'exposerai dans cette feuille, destinée aux jeunes gens, et aux pères de famille, plusieurs projets propres à inspirer à mes jeunes concitoyens de nobles sentimens. Peut-être aurai-je la douce consolation d'en voir quelques-uns utiles. Cet ouvrage portera pour titre : *l'Ami des jeunes Républicains*.

frères, ce seroit le triomphe de la nature. O Législateurs ! ne dédaignez aucun moyen de resserrer les liens qui unissent les hommes, et ils seront heureux.

Je le sens, et ne me le dissimule pas : ces fêtes ne conviennent pas encore à ma Patrie ; elles sont trop belles, et nos mœurs ne sont pas assez pures : il faut des cœurs simples pour aimer l'aimable simplicité de la nature. Si les fêtes de Sparte étoient si nobles et si simples, c'est que les Spartiates avoient des vertus..... Et nous aussi nous en aurons..... ou nous reprendrons les chaînes que portoient nos pères, et nous serons dignes de les porter.

Je ne dirai rien des fêtes instituées pour rappeller quelques-uns des beaux jours de la Patrie ; ceux qui ont vu la fête de la Réunion se ressouviendront toujours, avec un sentiment délicieux, du tableau touchant qu'elle offroit. Cette fête doit servir de modèle à toutes les autres. La nature en offrit les plus beaux ornemens ; la fraternité, les vertus et le malheur honorés en firent le plus doux charme. J'observerai seulement qu'on ne doit pas trop multiplier ces fêtes, bientôt elles ne feroient plus d'effet. Quant à celles qui sont instituées pour honorer un citoyen qui a rendu un grand service à la Patrie, elles s'ordonneront naturellement suivant les circonstances. Célébrez la mémoire des bienfaiteurs du genre humain, célébrez-la religieusement, et vous inspirerez à ceux qui vivent le desir de les imiter.

Des Funérailles. Dans tous les pays elles ont été un objet religieux, et c'est naturellement une suite de l'idée de l'immortalité de l'ame. Ceux qui ont regardé le respect que l'on a pour un corps privé de vie, comme un préjugé, ont pu avoir raison ; mais jamais je ne penserai comme eux. Quand on me prouvera qu'un bon fils peut voir avec la même indifférence le corps de son père abandonné aux bêtes carnacières, ou soigneusement inhumé, je serai de leur avis. Un corps privé de vie rappelle toujours qu'une ame raisonnable y a fait sa demeure: faut-il donc avoir des préjugés pour respecter l'enveloppe mortelle d'une essence immortelle?

Je desirerois que le lieu des sépultures fût loin des demeures (1), et agréablement orné. Les arbrisseaux devroient couvrir les tombeaux de nos parens, de nos amis, les fleurs devroient croître sur la terre où ils reposent. La mort est ce qu'il y a de plus terrible pour l'homme qui vit: pourquoi ne pas chercher à diminuer l'hor-

(1) On a demandé cela cent fois; on a fait observer combien il étoit dangereux de respirer, au sein d'une ville, l'air cadavéreux des cimetières: mais que n'a-t-on pas demandé en vain? Quand il s'agit de faire le bien, les choses les plus faciles trouvent mille obstacles. Quand il s'agit de faire le mal, rien n'arrête, on arrive au but à l'instant.

reur qu'inspire son aspect hideux ? Il en résulteroit plusieurs avantages. Les plantes purifieroient l'air de ces lieux qu'elles embelliroient ; le philosophe y viendroit quelquefois rêver à l'éternité ; le fils ne craindroit plus d'approcher du tombeau de son père ; les sentimens de la nature gagneroient donc aussi à cet arrangement.

Culte particulier. L'homme de bien se plaît à entretenir dans sa famille les sentimens religieux dont son cœur est rempli : il sait qu'une religion éclairée est une source inépuisable de vertus, et il la place de bonne heure dans le cœur de ses enfans.

J'en ai joui quelquefois du spectacle intéressant qu'offre l'intérieur de la maison du juste ! j'y ai vu régner l'ordre qui régnoit dans son cœur : l'époux sacrifioit tout à une probité sévère, l'épouse étoit douce, les enfans étoient dociles, aimables, et tous étoient heureux. L'hommage rendu le soir en commun à l'Être suprême rendoit paisible le calme de la nuit ; l'hommage rendu le matin jettoit des charmes sur toute la durée du jour.

Un père est, par la nature, l'instituteur de sa famille ; il doit en être aussi le prêtre ; c'est lui qui doit jetter dans l'esprit encore foible de ses enfans, les premiers élémens de la religion naturelle ; il doit leur dire qu'un Dieu a créé l'univers, et se bien garder de leur faire un tableau de cette divinité. Ce tableau qui ne pourroit qu'être faux, puisque l'homme n'en peut faire aucun, leur donneroit, avec les premiers sentimens de religion, les premiers germes de la superstition ; il doit leur dire que Dieu est bon, afin qu'ils s'accoutument à espérer en lui ; qu'il récompense la vertu, afin qu'ils aient un jour le noble desir d'être vertueux ; qu'il veut que les hommes s'aiment entre eux, afin qu'ils aient un motif plus puissant d'être bons citoyens, &c.

Pères et mères, gardez-vous de négliger ce soin sacré ; il est la base de votre félicité : ce soin partagé entre vous, resserrera les nœuds qui vous unissent, et vous préparera une vieillesse heureuse : négligez-le, la nature s'en vengera par votre malheur ; et si la Patrie étoit sévèrement juste, elle vous puniroit de lui donner de mauvais citoyens.

Mais n'allez pas, dans un zèle mal éclairé, leur donner des idées fausses ou superstitieuses ; ces funestes idées les prépareroient, pour l'avenir, au fanatisme ou à l'impiété.

Je n'insisterai pas davantage sur cet article ; mais j'observerai que l'instruction particulière est plus précieuse que l'instruction publique. La première familiarise, si je puis le dire, avec les sentimens vertueux, et les rend respectables ; la seconde, par cet air d'apprêt qu'elle est forcée d'avoir, peut manquer son but, et ne rend jamais aussi ferme que l'autre dans les principes qu'elle veut inspirer.

Des fêtes particulières. Pourquoi un

homme ne célébreroit-il pas, dans sa famille, l'anniversaire de sa naissance? c'est rendre à Dieu hommage de l'existence que l'on tient de lui.

Pourquoi le philosophe ne célébreroit-il pas l'anniversaire de la naissance de J. J. Rousseau? Pour moi, je ne manquerai jamais de me rappeller qu'à pareil jour un homme est né pour le bonheur du genre humain.

Qui doit tenir l'instruction religieuse publique?

Doit-il y avoir une instruction publique religieuse? oui; parce que l'homme a besoin d'une religion. Mais cette instruction doit-elle être avouée par le gouvernement, doit-elle être ordonnée par lui, après la déclaration de la liberté des cultes? je n'en vois pas l'inconvénient. Il ne s'agit pas d'enseigner une religion, il ne s'agit que d'enseigner ces vérités: *Dieu existe, aime le juste et châtie le méchant.* Ces vérités sont les fondemens de toute religion. Il est même plus nécessaire qu'on ne le croit, que cette instruction soit autorisée par les loix ; l'idée de Dieu en deviendroit plus respectable dans l'esprit des ignorans et des sots. On ne seroit pas exposé à voir cette impiété audacieuse qui afflige toujours l'homme de bien.

Je desirerois donc que le magistrat rappellât quelquefois aux citoyens que la Divinité leur a donné l'existence. On paroît même lui en avoir fait un devoir en plaçant les loix sous les auspices de l'Être suprême. Je desirerois aussi que dans les écoles publiques on enseignât la même doctrine. Le père qui voudroit que son fils fût instruit dans sa religion, le feroit enseigner en particulier, comme bon lui sembleroit.

Moyens de maintenir une religion sage.

Les peuples sortent par une gradation lente des ténèbres de l'ignorance, mais on n'en a vu encore aucun rester au point où la raison brille entièrement sur eux. Quand, après beaucoup d'efforts, ils sont parvenus au plus haut degré, ils ont de la peine à s'y soutenir, tendent toujours à redescendre; et redescendent enfin. Dans quelque temps d'ici, chacun se riera des préjugés qui ont si long-temps asservi nos pères, et ne reconnoîtra plus d'autre dieu que celui de la nature. Eh bien, alors la raison qui n'aura plus rien à gagner de ce côté, marchera pas à pas vers sa corruption. Des hommes, dévorés de l'envie de faire parler d'eux, n'ayant plus d'erreurs à attaquer, attaqueront la vérité elle-même : ils ressusciteront le système d'Epicure ou quelqu'autre plus absurde encore : ils écriront, non ce dont ils seront convaincus, mais ce qui les fera remarquer davantage; non ce qui pourroit être utile aux hommes, mais ce qui les étonnera. D'autres non moins insensés, mais d'un esprit timide et gâté par d'effrayantes chimères, trouveront que ce n'est pas assez d'adorer Dieu, ils proposeront quelqu'autre objet, quelques nouvelles pratiques; peut-être désigneront-ils le soleil ou la lune à nos adorateurs: que sais-je? il n'y a aucun genre de folie dont l'homme ne soit capable.

Pour prévenir ce désordre, voici ce que je crois nécessaire.

1°. Il faut souvent rappeller à ceux qui ont secoué le joug des préjugés, que leurs idées, leurs sentimens de religion ne leur viennent que de leur raison et de leur cœur, et non de la révélation. Voilà le meilleur préservatif contre l'erreur.

2°. Quand la majorité des citoyens aura adopté des idées sages, le Corps législatif doit exposer, dans un très-petit nombre d'articles, ce que l'homme sait et doit croire touchant la Divinité, c'est-à-dire, son existence, sa toute-puissance, sa bonté et sa justice. Ces articles sont de tous temps, de tous lieux : qu'on n'y ajoute rien, car dans un autre temps on y retrancheroit, ou on y ajouteroit, ce qui seroit un mal. Ce seroit rendre ces principes sacrés, incertains dans l'esprit des personnes peu instruites. Que l'on règle le cérémonial des fêtes publiques, qu'on invite les citoyens à la religion, et rien de plus.

3°. Que la religion ne serve jamais en rien, à flatter la vanité ou à satisfaire l'intérêt de qui que ce soit en particulier : bientôt il se retrouveroit de ces ames viles qui prêcheroient la vérité dans les mêmes vues que d'autres ont prêché l'erreur. Sur-tout qu'il ne soit pas permis de faire aucun don, aucune offrande ; ce n'est pas Dieu qui profite de ces offrandes, c'est un prêtre qui se rit de la crédulité qui l'enrichit. S'il étoit permis de faire des offrandes, il se présenteroit bien vîte des talapoins, des fourbes pour les recevoir ; et alors plus de raison, plus de tolérance.

4°.

4°. Cela fait, qu'il soit permis à chacun de croire, d'agir comme il lui plaira, en fait de religion. Qu'on écrive, qu'on parle, laissez tout dire, c'est le moyen de faire tout oublier. La persécution a toujours servi de base à l'erreur, c'est encore elle qui l'a cimentée. Un sot persécuté devient un être important aux yeux des ignorans (1). Souvenez-vous que les ridicules décisions de la Sorbonne n'ont eu de la force qu'autant qu'on s'en est occupé ; quand on les a assez méprisées pour n'y plus songer, il n'y a plus eu de Docteurs.

(1) Si J. C. n'eut pas été persécuté, supplicié, si ses apôtres n'eussent pas été martyrisés, il est plus que propable qu'on n'auroit pas longtemps songé à lui, et que le christianisme n'eût jamais existé. Si on l'eût laissé vivre, il eût fait quelques sottises qui eussent éclairé le peuple ; mais au moment où il paroissoit à peine, on s'empressa de le soustraire à une populace ignorante, superstitieuse ; c'étoit le seul moyen de permettre à l'imagination d'en faire une divinité,

RÉFLEXIONS POLITIQUES

SUR L'ATHÉISME ET L'ANÉANTISSEMENT DE L'AME.

Il y a des hommes qui affirment que l'ame meurt avec le corps, comme il y en a qui affirment que Dieu n'est pas. Ma crainte n'est pas que ces imposteurs jettent les principes affreux de l'athéisme et du matérialisme dans tous les cœurs; mais je crains, et je crains avec fondement, qu'ils ne corrompent entièrement la morale publique. A force de dire : l'ame meurt, on ne convainc personne; mais on jette dans une indifférence, dont l'effet égale la plus parfaite certitude; et les jeunes gens qui raisonnent peu, pour l'ordinaire, entraînés par les passions les plus vives, seront plutôt les disciples d'Epicure que ceux de Zénon. La masse des mœurs se corrompt et l'accomplissement des devoirs n'est plus qu'une gêne ; il ne reste plus de frein ; la vertu est anéantie dans son germe. Que m'importe de servir ma Patrie avec la probité d'Aristide, si la probité n'est pour moi d'aucun mérite, si toutes les vertus ne sont que quelques extravagances que les hommes se sont avisés de louer, parce qu'elles leur étoient utiles ? Pourquoi vivrois-je dans une horrible pauvreté, quand des richesses mal acquises peuvent me rendre heureux sans me rendre criminel ? Pourquoi craindrois-je de corrompre la femme de mon ami, puisque mon respect pour le lit conjugal n'est qu'une puérilité ? Voilà les conséquences du système de l'anéantissement de l'ame. Ce système affreux ne laisse plus de vertu, parce qu'il détruit la justice de Dieu qui en est la source.

Montesquieu remarque que la secte d'Epicure s'introduisit à Rome, et contribua beaucoup à corrompre l'antique vertu des Romains, comme elle avoit déjà corrompu celle des Grecs. Cette secte, croyant à l'anéantissement de l'ame, comment eût-elle aimé la vertu ?

Un individu obscur s'avisa de crier en pleine assemblée nationale, qu'il *étoit athée* : si j'avois été législateur, j'aurois demandé que cet insensé fût chassé du sénat. Un homme qui commence par corrompre les mœurs publiques, est indigne de faire des loix, parce qu'il ne les rendra jamais respectables (1). César s'efforçoit de prou-

(1) Pour donner des loix à un peuple, il faut que le législateur ait des mœurs qui fassent aimer son ouvrage ; il faut qu'il ait des mœurs afin d'en inspirer au peuple dont il a la confiance. Les bonnes mœurs sont les colonnes de l'Etat, la gloire des citoyens et le gage assuré de leur bonheur. Mirabeau eût pu créer les loix de Sparte ; mais il falloit un Lycurgue pour les établir, parce que Lycurgue étoit vertueux.... Malheur aux peuples qui, lorsqu'ils ont le droit de choisir leurs magistrats, ne choisissent pas les plus vertueux, car ils n'auront jamais un Etat solide.

ver que la vie à venir n'étoit qu'une chimère ; Caton dit qu'il parloit en mauvais citoyen ; et le temps ne le justifia que trop. Il importe peu à l'État de quelle religion l'on est ; mais il lui importe qu'on en ait une, il lui importe que l'on croie un Dieu juste, afin que l'on soit juste soi-même ; bon, pour qu'on le soit ; vengeur du crime, et ami de la vertu, afin que l'on ait un motif puissant d'être vertueux. Tout homme qui nie l'existence de Dieu et l'immortalité de l'ame, doit être dégradé du droit de cité, même chassé de sa Patrie, parce qu'il est nécessairement mauvais citoyen.

Il ne s'agit pas ici de craindre de blesser la tolérance qui est une vertu, parce que la liberté d'opinions est un droit. Si nous chassons un homme du milieu de nous, ce n'est pas parce qu'il pense autrement, mais parce que sa manière de penser nous seroit funeste. Les loix ne punissent-elles pas celui qui conseille le crime ? Celui qui insinue l'athéisme et le matérialisme, insinue le crime aussi, quoiqu'indirectement. Quand il a détruit les vertus, que reste-t-il à l'homme ?

C'est en vain que pour nous prouver que l'athéisme ne corrompt pas la morale, on nous cite Epicure et Spinosa qui furent des hommes vertueux ; c'est que leurs cœurs étoient naturellement bons ; et quand ils auroient été méchans, les loix humaines ne veilloient-elles point là pour les tenir en respect ? n'étoient-ils pas entourés d'hommes d'une opinion différente ? Mais rendez un peuple entier Epicurien et Spinosite, et vous verrez si les tigres de l'Hircanie ne sont pas d'une société moins féroce que ce peuple. Le peuple entier ne connoissant plus de loix divines, il ne faut plus parler des loix humaines ; ces loix n'ont d'autres bases que l'idée de l'existence de Dieu et de l'immortalité de l'ame. Quel frein retiendroit alors le magistrat persuadé qu'il n'aura d'autres jours et d'autres plaisirs que ceux de cette vie ? il s'empresseroit de jouir, et regarderoit comme de sottes chimères la modération et les vertus dont il ne seroit jamais récompensé. Le peuple, de son côté, lassé d'un joug que rien ne lui rendroit respectable, ne connoîtroit bientôt plus ni loix, ni magistrats ; chacun voudroit posséder l'objet de ses desirs et l'arracheroit à son voisin ; les haines impitoyables, les vengeances affreuses s'éleveroient en tyrans sur la ruine des loix, et les crimes naîtroient à chaque pas des hommes.

Philosophe insensé ! tu reviendrois alors, et tu considérerois dans les ruines et les malheurs de ce peuple les effets de ta philosophie barbare.

Que Bayle vienne donc nous dire qu'un peuple d'athées est moins funeste qu'un peuple fanatique ! Un peuple fanatique ne hait que ceux qui ne sont pas de son opinion : un peuple athée détruit tout sans rien haïr.

Juger de ce que seroit un peuple par ce que sont trois ou quatre hommes, est le jugement le plus absurde ; dire que l'idee de Dieu et de l'immortalité de l'ame n'arrête pas des milliers de bras prêts à commettre le crime, parce que quelques scélérats ont cru en Dieu et à l'immortalité de l'ame, est plus absurde encore.

DE LA TOLÉRANCE.

Celui qui veut faire croire de force à un autre ce qu'il croit lui-même, est le plus affreux des tyrans ; il veut enchaîner l'homme jusques dans le sanctuaire de sa conscience ; cet homme ne peut être toléré nulle part, parce qu'il ne tolère personne, et qu'il porte le désordre par-tout avec lui.

Celui qui, quoiqu'attaché à la plus absurde superstition, vit paisiblement, doit n'exciter que la pitié. Si la raison ne peut rien sur lui, ne le respectons pas moins : quel droit avons-nous de l'injurier, parce qu'il n'est pas raisonnable? quel droit ai-je de déchirer son cœur, parce qu'il trouve sa consolation où je ne vois que de la folie? L'homme qui frapperoit un insensé, parce qu'il ne sortiroit point de sa démence, ne seroit-il pas l'homme le plus cruel? Celui qui couvre d'opprobre l'être foible asservi à une superstition invincible, n'est-il pas plus cruel encore?

Les philosophes demandent qu'on les tolère, parce qu'ils sont les plus foibles; mais s'ils étoient les plus forts, ils ne toléreroient personne. Ces mots sortis souvent de la bouche des persécuteurs, et qu'ils ne disoient que pour donner un prétexte plausible à leur horrible persécution, seroient-ils donc des mots prophéties? Je le dis avec peine; mais je vois qu'une infinité de gens qui ont lu, mais jamais réfléchi, deviennent d'une intolérance insupportable; ils méprisent avec une fierté si ridicule ceux qui ne pensent pas comme eux, qu'il est bien aisé de s'appercevoir que leur sagesse est nouvelle ; ils en sont si vains, qu'on ne peut s'empêcher de voir que c'est pour eux un effort considérable que de l'avoir acquise. Ce n'étoit pas ainsi que l'immortel Rousseau étoit sage : s'il avoit pitié des hommes égarés, il ne les aimoit pas moins.

J'avoue cependant que, quelque sacrée que soit la liberté des opinions des hommes, il en est qu'il ne faut absolument pas tolérer, parce qu'elles tendent à troubler l'ordre et à faire de ce monde un enfer horrible. *Quiconque*, dit J. J. Rousseau, *ose dire : hors de l'église point de salut* (1), *doit être chassé*

(1) Les prêtres chrétiens qui, les trois quarts et demi, ne croient pas un mot de ce qu'ils enseignent, laisseut dormir cette sotte et funeste maxime, et ils ont raison ; car autrement il faudroit de toute nécessité les envoyer dans quelqu'isle déserte prêcher cette horrible morale aux bêtes féroces à qui elle convient peut-être.

de l'Etat, à moins que l'Etat ne soit l'église. J'ajouterai, que quiconque ose dire : Dieu n'existe pas ; la morale n'est qu'une chimère, doit être chassé de même.

Mais qu'un homme adore *Apis* ou *Jupiter*, *Jéhova* ou des *Fétiches*, *Jesus* ou *Mahomet*, que nous importe ; s'il est honnête homme, n'en est-il pas moins notre frère, en est-il moins l'enfant de la Patrie ?

On ne songe point qu'en se moquant de toutes les religions, comme de puériles folies, on ôte du cœur du jeune homme les sentimens qui le rendoient honnête et qui y faisoient germer les vertus. S'il rejette les erreurs de ses ancêtres, il met rarement la vérité à leur place ; et abandonné, sans frein, au gré de ses passions, il ne cesse d'être crédule que pour être libertin ; il ne cesse d'être dévot que pour être impie : voilà où conduit cette folle affectation de philosophie qui n'est autre chose que l'intolérance, quoique présentée sous d'autres traits. L'inconséquent Voltaire a corrompu la moitié des jeune gens de son temps, sous prétexte de détruire les erreurs. Le sage Rousseau en renversant les temples de l'erreur, a présenté la vérité aux hommages des mortels. Quel fut le plus sage? qui fut le plus utile à l'humanité?

Il faut instruire les hommes, mais il ne faut jamais les persécuter. L'instruction fraternelle s'ouvre aisément leur cœur, et y porte toujours la lumière qu'elle renferme; la persécution l'irrite et le ferme à la raison qui se présente avec l'appareil de la tyrannie. Un homme qui me persécutera ou raillera ma crédulité, ne m'instruira jamais, il me rendra opiniâtre.

Voulez-vous sincèrement faire évanouir toutes ces imbécillités qui dégradent l'homme depuis si long-temps? Ne les attaquez point, mais montrez la raison. En les attaquant, vous leur donnez une importance qu'elles n'ont pas par elles-mêmes, vous faites naitre l'envie l'envie de les défendre ; en vous contentant de montrer la vérité, vous la faites voir dans toute sa beauté, et laissez l'erreur se perdre insensiblement dans l'oubli (1).

Cette raillerie intolérante dont je viens de parler, si commune aux esprits frivoles, et si étrangère à l'hom-

(1) Voulez-vous ne plus avoir de prêtres, disoit, je crois, Mirabeau, laissez-les tranquilles, payez-les bien, et contentez-vous d'instruire le peuple. *Payez-les bien*, c'étoit peut-être trop dire, pour arriver promptement au but ; mais que gagne-t-on à brusquer les choses ? Que nos fautes nous soient au moins utiles, en nous rendant plus prudens ; souvenons-nous que c'est quand on a parlé de ne *plus payer* les prêtres que la guerre cruelle de la Vendée s'est élevée. Les fourbes et les tyrans ont senti que le meilleur moyen de tromper des hommes ignorans étoit de leur montrer la religion outragée. Il est bien singulier que l'on n'ait pas assez connu notre siècle et le cœur humain pour éviter ce malheur. Législateur philosophe ! rends le peuple sage, mais ne le traite pas comme s'il l'étoit déjà.

me qui a un bon cœur, en détruisant tout bon sentiment, donne encore la honte d'en avoir, parce que la superstition est le vice d'un esprit foible. On craint de passer pour superstitieux si l'on est religieux. Si Newton vivoit parmi nous et qu'il se découvrît la tête au seul nom de l'Être suprême, les sots en seroient édifiés, et les hommes sans mœurs en riroient; l'homme sage seul admireroit Newton, seul il sentiroit que Newton possède un génie assez profond pour appercevoir la majesté incompréhensible de la divinité. Ne raillons jamais l'homme qui a de bons sentimens; car cette raillerie annonce qu'on est ami des mauvaises mœurs, et par conséquent ennemi de sa Patrie.

Pour moi, je pense qu'il faut détruire les erreurs, et sur-tout les erreurs religieuses, parce qu'elles deviennent toujours des armes très-funestes dans les mains des fourbes qui s'en servent; mais je ne mépriserai pas, pour cette raison, les hommes dans leur folie. La superstition est absurde, mais elle est respectable par son but qui est de rendre hommage à la divinité. Je l'avoue sincèrement, je respecte même le nègre stupide prosterné au pied de son fétiche insensible ; un principe noble est dans son cœur : faites-lui lever la tête vers le ciel, et il ne rampera plus sur la terre.

CONCLUSION.

J'ai tâché d'élever à l'Être suprême un temple aussi majestueux que ma foiblesse me l'a permis. Il ne me reste plus qu'à édifier celui de la morale humaine. Quand ces deux ouvrages seront achevés, je ne croirai pas avoir vécu inutilement pour les hommes. Peut-être aurai-je fait peu de choses pour leur bonheur ; mais j'aurai fait beaucoup pour ma conscience.

Jeune homme, c'est pour toi, principalement, que j'ai écrit : peut-être le défaut de talens qui règne dans cet ouvrage rebutera-t-il ton esprit. Dans ce cas, il te restera ton cœur pour maître, sonde-le, et tu y trouveras ce que je n'ai pu te dire.

FIN.

www.ingramcontent.com/pod-product-compliance
Ingram Content Group UK Ltd.
Pitfield, Milton Keynes, MK11 3LW, UK
UKHW022055260726
13993UKWH00001B/127